关键客户管理

[英]马尔科姆·麦克唐纳　[英]贝丝·罗杰斯 —————— 著

刘洁 —————— 译

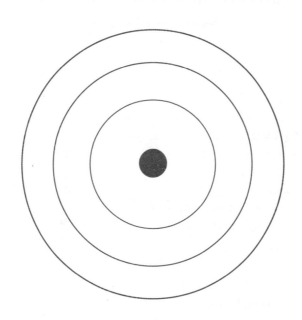

北京理工大学出版社
BEIJING INSTITUTE OF TECHNOLOGY PRESS

版权专有　侵权必究

图书在版编目（CIP）数据

关键客户管理/（英）马尔科姆·麦克唐纳，（英）贝丝·罗杰斯著；刘洁译.—北京：北京理工大学出版社，2020.10

书名原文：Malcolm McDonald on key account management

ISBN 978-7-5682-8682-4

Ⅰ.①关… Ⅱ.①马… ②贝… ③刘… Ⅲ.①企业管理—销售管理 Ⅳ.①F274

中国版本图书馆CIP数据核字（2020）第117241号

北京市版权局著作权合同登记号　图字：01-2020-0912
Copyright © Malcolm McDonald and Beth Rogers, 2017
'This translation of Malcolm McDonald on Key Account Management is published by arrangement with Kogan Page.'

出版发行 / 北京理工大学出版社有限责任公司	
社　　址 / 北京市海淀区中关村南大街5号	
邮　　编 / 100081	
电　　话 /（010）68914775（总编室）	
（010）82562903（教材售后服务热线）	
（010）68948351（其他图书服务热线）	
网　　址 / http：//www.bitpress.com.cn	
经　　销 / 全国各地新华书店	
印　　刷 / 大厂回族自治县德诚印务有限公司	
开　　本 / 710毫米×1000毫米　1/16	
印　　张 / 15.5	责任编辑 / 宋成成
字　　数 / 214千字	文案编辑 / 宋成成
版　　次 / 2020年10月第1版　2020年10月第1次印刷	责任校对 / 周瑞红
定　　价 / 56.00元	责任印制 / 李志强

图书出现印装质量问题，请拨打售后服务热线，本社负责调换

作者简介

本书由两位热心致力于帮助公司发展的作者所著。二十多年来，他们一直专注于关键客户管理方面的研究、教学与咨询。

马尔科姆·麦克唐纳教授：文学硕士（牛津大学）、理科硕士、哲学博士、文学博士、理科博士。

马尔科姆是克兰菲尔德大学管理学院的荣誉教授，以及华威大学商学院的名誉教授。

马尔科姆毕业于牛津大学的英语语言文学专业，布拉德福德大学管理学院的商科专业，并且还拥有克兰菲尔德大学的哲学博士学位。他已经出版了40多部著作，其中，包括那部畅销作品《营销计划：如何准备及使用》。此外，他还发表了100多篇文章和论文。由于自身的商业背景，这些文章和论文中还包括了他作为加拿大汽水有限公司营销主管的几年经历。马尔科姆成功地保持着学术活力，并能将其学术成果巧妙地用于商业领域。他为多家来自欧洲、东南亚、澳大利亚及非洲的公司担任顾问，在战略营销、营销策划、市场划分、关键客户管理、国际市场销售及营销责任制等方面为这些公司做咨询服务。

此外，马尔科姆还担任马尔科姆·麦克唐纳咨询有限公司董事长，并且还在几家世界知名跨国公司的执行董事会任职。

贝丝·罗杰斯：文学学士、工商管理学硕士、哲学博士、英国高等教育研究院资深院士。

贝丝最近被任命为朴次茅斯大学商学院营销与销售学科组负责人。她因在英国高等教育中实施开创性的销售教育而声名远扬。朴次茅斯大学曾是英国首家，而且迄今为止仍旧是英国少数几家被全球销售教育基金会认定为"顶级销售学院"的高校之一。另外，贝丝还是克兰菲尔德大学管理学院的客座研究员。

贝丝在华威大学国际关系学院获得政治学专业的本科学位，在克兰菲尔德大学获得工商管理学硕士学位。她的博士毕业论文是关于销售职能的资源决策。她是英国高等教育研究院的资深院士，这不仅是对她在本领域声誉的认可，而且还是对其创造性学习与教学方法及其领导学术团队所取得的成就的认可。贝丝还为学术期刊、专业杂志及博客撰写了多篇文章，并出版了四部商业书籍，其中包括那本畅销的《反思销售管理》。

在开启学术生涯前，贝丝在信息技术产业负责业务拓展，并且为横跨四大洲各个产业的跨国公司担任顾问，时间长达九年。目前，她在一家小型及一家中型企业同时担任非执行董事。

本书参与者

一本商业挑战方面的书籍需要植根于实践经验，尤其是那些日复一日在组织机构中保障目标实现的人员的经验。尤其感谢参与本书撰写工作的人员，感谢他们分享自己的专业知识与经验，用以阐明本书中的观点：

首先，特别感谢贝弗·伯吉斯，她应邀特别撰写了本书第五章。贝弗担任信息技术服务市场营销协会欧洲分会的高级副总裁，并且同时负责信息技术服务市场营销协会的全球目标客户营销实践。信息技术服务市场营销协会简称"ITSMA"。该协会在界定和打造以及促进卓越的公司对公司（B2B）服务营销方面处于领先地位。

其次，还要感谢我们的同行，制胜营销有限责任公司总经理艾德蒙·布拉德福，他为我们提供了第五章的附录，解释了模拟软件如何用于策划与培训。艾德蒙制作了许多模拟游戏用以向学生及主管们讲解销售及市场战略。这些游戏正用于好几所大学的本科和硕士课程以及工商管理硕士课程。

另外，还要向以下人员致以衷心的感谢：

保罗·博蒙特，英特利峒公司（Interim）销售总监，感谢他为本书所做的贡献，尤其是他为初稿所做的谬误排查。

菲尔·麦高恩，积极销售有限责任公司（Positive Sales Limited）首席执行官，感谢他为本书所做的贡献，尤其是他为二稿所做的谬误排查。

本书的叙述因为那些从业者们的言论而鲜活起来。为此，还要感谢：

西蒙·德比夏尔，凯捷管理顾问公司（Capgemini）沙特阿拉伯分公司（Capgemini Saudi Arabia）副总裁。凯捷管理顾问公司在咨询、技术及外包服务领域居全球领先地位。

凯伦·贝尔，阿什菲尔德 UDG 医疗保健公共有限公司的业务拓展部主管。阿什菲尔德 UDG 医疗保健公共有限公司，是一家为制药与医疗行业提供商业化服务的全球领军公司。

达伦·贝利，登士柏西诺德公司（Dentsply Sirona）商务总监。登士柏西诺德公司是全球最大的牙科产品与技术的制造商。

伯纳德·康卡尔，战略客户管理协会(SAMA)总裁及首席执行官。SAMA 是一家独特的非营利组织，在全世界拥有一万多名会员。SAMA 专门致力于帮助建立作为单独行业的战略性客户、关键客户及全球客户管理、确定职业道路，以及制定经得起考验的公司发展策略。

鲍勃·马奎尔，马奎尔艾斯德有限责任合伙公司（Maguire-Izatt LLP）采购顾问及合伙人。马奎尔艾斯德有限责任合伙公司为需要改善与其供应商关系的公司提供战略性的咨询服务。

邓肯·阿弗莱克，贝兰器械有限责任公司（Beran Instruments Ltd.）全球销售及业务拓展部经理。贝兰器械有限责任公司是一家总部设在英国的、用于工业及公用事业部门的状态检测系统制造商。该公司面向全球市场供货。

安迪·普罗克特，创新英国（Innovate UK.）的创新先锋。创新英国是英国的一家创新机构。

塞德里克·贝利亚德，某全球技术公司的市场销售部经理。

马克·杰克逊，杰克逊与杰克逊父子有限责任公司（Jackson, Jackson & Sons Ltd.）公司销售总监。杰克逊与杰克逊父子有限责任公司是英格兰西北部一家主要的商业建筑承包商。

丽兹·马赫廷格，客户至上有限责任公司（Customer Essential）公司合伙人。客户至上有限责任公司是一家致力于提供客户管理方案的咨询公司。

斯图尔特·莫兰，某全球制造与服务公司垂直市场销售部主管。

大卫·卢卡斯-史密斯，某被计入"纳斯达克100"技术公司企业销售总监。

史蒂夫·杰克逊，某全球制造与服务公司的业务拓展部经理。

导　读

本书探讨了在赢得关键客户、维持关键客户与开发关键客户时面临的挑战与应对方案。这些方案可以应用于公司对公司的销售，但其涉及的原理也同样适用于向那些"一掷千金"的个人销售复杂产品与服务。关键客户是指那些对供应商而言，仅凭借其自身实力就可当作一个市场对待的重要客户，因此，关键客户拥有很大的权力。尽管市场份额及收入增长最终都能实现，但关键客户的服务成本却可能侵蚀公司的利润率，除非能完全实现对他们的掌握与管理。

关键客户管理又称为战略客户管理，因为，这也是一种战略管理能力，关系到机会的选择以及为这些机会配置稀缺资源的方式。当然，这很难做到。研究显示，数年内，公司都需要格外用心，以确保关键客户项目得以发展并使公司获利。对这个研究结果我们都耳熟能详。让公司对关键客户有吸引力并且适应他们的需求，需要分析客户的情况、为其做好规划，予以实施并定期更新，因为情况经常会发生变化。本书采用按部就班的方式来展现最佳的实践方案，并辅以客观的研究资料。无论生意刚起步，还是已经稳固地运行着，本书对于改进公司与最重要的客户之间创造价值的方式提供了多种可能性。

本书由两位热心致力于帮助公司发展的作者撰写。二十多年来，他们一直从事关键客户的研究、教学与咨询工作。本书浓缩了相关知识，力争便于读者阅读和使用。

目 录

01 第一章 绪 论
定义：什么是关键客户管理？ ……………………………………… 4
本书内容安排 …………………………………………………………… 6

11 第二章 关键客户在实现业务增长中的作用：关键客户管理在整体工作中的定位
如何制定利润增长战略 …………………………………………… 15
客户投资组合中的 KAM ………………………………………… 24
关键客户管理在公司计划与营销计划 …………………………… 29
结语 ………………………………………………………………… 36

37 第三章 挑选合适的关键客户：针对低利润产品和不太盈利的客户，公司该如何做出选择？
不同类型的关系 …………………………………………………… 41
关键客户分类 ……………………………………………………… 42
业务关系中的时间因素 …………………………………………… 55

61 第四章 理解采购决策：专业采购人士如何评估购买类别与供应商

客户权力 ………………………………………………………… 64

界定客户 ………………………………………………………… 65

价格与价值 ……………………………………………………… 72

采购者矩阵 ……………………………………………………… 74

绩效监控 ………………………………………………………… 80

结语 ……………………………………………………………… 82

83 第五章 关键客户规划：如何分析关键客户的需要并且制定有价值的规划

开始规划 ………………………………………………………… 86

对关键客户的深入分析 ………………………………………… 88

SWOT 九框态势分析 …………………………………………… 96

尽我们所能满足客户的需求 …………………………………… 99

金融量化的价值主张 …………………………………………… 102

将战略付诸行动 ………………………………………………… 110

结语 ……………………………………………………………… 114

附录 5.1：学习如何利用模拟客户管理软件做规划 ………… 115

121 第六章 理解目标客户营销（ABM）

界定 ABM ……………………………………………………… 124

三种类型的 ABM ……………………………………………… 126

对于 ABM 的五个误解 ………………………………………… 134

让大家齐心协力 ………………………………………………… 137

附录 6.1 ………………………………………………………… 138

附录 6.2 ········· 141

附录 6.3 ········· 144

147 第七章 关键客户管理所需的人员与技巧

关键客户经理的出现 ········· 151

关键客户团队 ········· 155

资源配置决策 ········· 159

招募新人、挑选与入职 ········· 161

整体情况 ········· 165

167 第八章 随着关键客户走向全球化

向全球扩张的原因 ········· 170

评估国际化战略 ········· 172

有助于国际化发展的因素 ········· 176

有碍国际化的因素 ········· 179

平衡活动与控制 ········· 187

全球客户管理能力 ········· 189

结语 ········· 191

193 第九章 关键客户管理的风险

财务风险 ········· 196

法律风险 ········· 197

组织风险 ········· 199

营销风险 ········· 202

关键客户管理会过时吗? ········· 205

207 第十章 关键客户管理的未来

关键客户管理的组织 ·· 209

界定关键客户 ··· 212

发展中的科技 ··· 213

一个仍在进行的辩论

——什么是价值，该如何分享价值？ ························ 221

最后 ·· 226

附录 10.1 ·· 227

附录 1　麦克唐纳与罗杰斯 10 大关键客户管理指导原则 ············ 229

附录 2　关键客户经理测验 ·· 230

附录 3　关键客户管理方面的重要学术论文 ······································ 231

第一章

绪 论

人们经常问为何花如此多的时间思考关键客户管理的问题。之所以这样做,是因为我们知道这很重要。公司的成败全靠其关键客户管理的是否到位,而这又会影响员工能否兴旺发达。

> 关键客户具有战略重要性，为我们提供了稳定而持续的收入流。我们努力与关键客户购买团队中的关键人物建立长期关系并专门有一套"人马"来服务关键客户，他们在各个公司不同部门、不同层次工作——有销售部门的、财务部的、质量保证部的、工程部的，还有客户服务部门的。投入的程度对两个公司都很重要。双方都知道需要一起合作，客户经理与购买决策者各自都要理解诚实买卖的必要性。关键客户知道，做计划及对我们按计划执行供应与支付都很重要。这样，我们才能持续提供他们所需的支持。买卖双方都需要不断学习，以鉴别并且实现共同利益。
>
> 邓肯·阿弗莱克
> 贝兰器械有限责任公司全球销售及业务拓展部经理

如果你在任何一家面向企业或其他大型销售公司工作，那么你很可能拥有一些实力雄厚的大客户，这些大客户可以称为关键客户。如果你在一家小公司工作，那么你的关键客户也可能是其他一些小公司。一些关键客户管理的原理也适用于一些公司对客户（B2C）的情形，诸如，面向一些"一掷千金"的个人销售的时候，你只有赢得这些客户的信赖，让他们欣赏公司的品牌价值、喜欢你提供的额外服务，才能帮助他们实现目标。另外，作为回报，你希望他们也能帮助你发展，并实现你的目标。原则上讲，这种想法很好，但实现起来难度却很高。希望本书能够让你学到管理关键客户所需的知识，帮助你反思自己目前的处境，并采取实际行动加以改善。

现今，仅用各种产品与服务的组合已经不足以为你的客户提供很好的服务，因为他们有更多的需求。最重要的关键客户在越来越多地寻求具有创新精神的供应商及经验丰富、有新见解的客户经理，因为这会影响他们的盈亏。现在是到了关键客户管理者提升自己服务质量的时候了。本书为关键客户管理者提供了许多有用的补充资料，以及非常实用的建议。

某制造业销售部总监

定义：什么是关键客户管理？

什么是关键客户管理（KAM）？本书将其定义为对待战略客户（你对他们的需求有深入的理解）的策略，并给他们提供价值，能令你从竞争者中脱颖而出。

谁是战略客户？或者，什么是战略客户？这取决于公司的目标群体。关键客户管理的实质是将稀缺的资源用于精选的优质客户，因此，如果客户数量过多，那么就无法为所有客户提供有效服务。例如，每个人都有几百个熟人，但能够去爱、去珍惜的仅仅只有少数几个特殊朋友而已。尽管以下只是一个简单的图解，这个金字塔理念即关键客户初选（图1.1）可以让你对关键客户与非关键客户之间的比例有切实的认识。

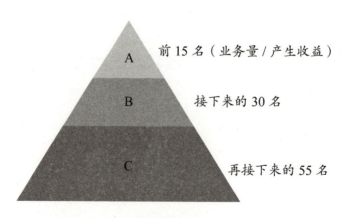

图1.1　关键客户初选

资料源自 M. 麦克唐纳在克兰菲尔德管理学院授课的使用教材

许多公司坠入将过多客户纳入关键客户管理方案的陷阱中，或者未能监控客户关系维护质量在一段时间内发生的变化。结果，导致一些关键客户沦为非关键客户；而新的关键客户则从其他客户群中出现。本书将讨论这种业务关系的动态性质。

近几十年来，关键客户管理一直是公司的一种重要能力。那些在此方面做得好的公司也因此与众不同，并实现了利润的增长。尽管如此，却很少有人研究管理关键客户必需的策略，或将这些策略传授给新入职的年轻人。同样，目前正开展的培训与发展项目也很少能为业务拓展领域的专业人士所用，他们一直致力于跟上复杂的现代供应链所需的快速变化。本书作者花了 20 多年时间致力于应对这条知识上的鸿沟。可以作为一本关键客户管理策略与操作的入门书籍。

本书内容安排

本书基于这样的假设而撰写,即你购买本书是因为你想让你的公司或者老板赚钱。此外,如果你目前已经赚钱,但还想再赚取更多钱。那么,同样也适合购买本书。

第二章讨论了关键客户管理(又称战略客户管理)在公司实现股东价值的整体工作中是如何定位的。

任何一个人都能在大交易中通过大幅让利来获取销售收入。但鉴于服务该客户的巨大开销,如果不能从此项合同中获得较大利润,那么这样做的意义何在?市场营销、销售与业务拓展部门(不管你们公司如何描述那些负责创收的部门)的专业人士都有责任为股东提升价值。他们主要通过创造满意度很高的客户来实现这个目标。但他们也必须了解公司的成本基数、资本成本以及现金流的重要性。

第三章涉及客户的投资组合分析与关键客户的挑选。在公司整体绩效内,总有一些不盈利的产品或者客户,而另一些产品或者客户则效益可观。由此带来的决策是要么将赔钱的产品与客户剔掉,要么提高价格以便让他们为公司盈利,但这样做又会使公司冒着失去他们的风险。

业务拓展部的经理需要挑战上述逻辑。在加拿大汽水公司的案例中,他们要求我们能携带所有品种的软饮料去满足有意与我们做生意的客户的需求。现在的问题是,我们是专门从事高品质调酒饮料(那种与杜松子酒或者威士忌酒兑在一起的软饮料)生产的生产商,并在这些产品上获得了很丰厚的利润。与此同时,在其他一些产品上(诸如柠檬水),就算获利,利润也是微乎其微的,可是,为了做生意,我们不得不生产所有种类的产品,因为如果没有那些低利润产品,那么高利润产品也卖不出去,毕竟多数客户会要求他们的供应商提供种类齐全的软饮料。对于客户而言，也同样如此。有时你的账本上也需要有几个不太盈利的客户，只要他们在客户投资组合中有利于整体的股东价值。

当你询问任何公司的主管，他们最大的挑战是什么时，答案总是包括如何跟那些有权有势的大客户打交道，并在他们身上大赚一笔。世界上主要的汽车公司只有几家，而且大多数汽车都是由几家领域内的大零售商来销售的。如果不去应对产业内的大玩家，那么业务就会受到极大的限制。因此，要学会如何成功地与这些大玩家合作，同时，在整个更大范围的客户投资组合中平衡公司面临的风险。

这些客户为何如此强大？第四章，我们将邀请读者设身处地考虑一下21世纪专业采购者的作用。可以说，20世纪五六十年代的商业界相当自满，当时的市场不断增长，而只要有增长就容易获得成功。20世纪70年代则带来了石油危机的震荡与信息技术的发展。到20世纪80年代中叶，全球贸易为专业采购人士提供了全新的潜在货源，以及大幅降低雇主成本基数的机会。显然，专业采购人士也必须控制供应风险。为了能承担战略采购任务，拓展了新技能，因此也需要能跟他们共同前行的供应商。在20世纪90年代末与21世纪初的经济衰退，以及2008年的金融危机期间，采购持续成为战略重点，然而，正是在经济困难时期，关键客户管理的战略优势才得以突显——大客户能帮助公司抵御经济衰退。

销售人员总是将战略性提议视为某种加在销售上的锦上添花的东西，这是他们常犯的错误。事实上，销售方在过去几十年获得了投机性的增长，而现在，采购决策者在不断要求销售方进行转变。他们想跟对他们的财务、流程、组织架构与企业文化有彻底了解的专业人士讨论自身的需要。同样，销售方想让供应商提供不同范围的解决方案，而不仅仅只是给他们卖产品，因此，第四章将解释专业采购人士如何评估购买类别与供应商。

第五章将讨论如何分析关键客户的需要并且制定有价值的规划。这包括许多图表与分析，你在制定自己的关键客户规划时会发现它们绝对很有用。本书建议的关键客户分析范围会突显我们的断言，即大多数公司其实并没有多少关键客户。关键客户规划需要花费大量的时间与资源，然而，应避免的是，因未能将足够的资源涵盖在给客户的提案里，而导致失去客户。我们已经见过有关的研究（这正强化了人们的常识）：对于战略性商机，在资源的配置上应宁多勿缺。这些规划技巧将帮助你评估这些资源需求。另外，第五章还包含了一个由我们的同行，制胜营销公司的艾德·布拉福德为相关的模拟训练游戏撰写的附录，以帮助你完成关键客户规划并了解竞争者的反应。

由于第三章中已经提到平衡客户投资组合的重要性，因此需要先解释如何通过技术来管理关键客户以及你客户组合中的其他客户，才能继续向前。对此，特别感谢贝弗·伯吉斯，她是信息技术服务市场营销协会的高级副总裁，她应邀特别撰写了第六章。技术使越来越多的信息转化为针对更多客户的定制提案及交流沟通。在IT驱动的业务拓展中，对该领域进行最新典范做法的投资一定要三思而后行。

第六章帮助你考虑理解目标客户营销的潜力，以及它可能为你的公司提供什么服务，且本章附录中有案例研究。

第七章将探讨资源配置面临的挑战与解决方案。如果关键客户管理需要对关键客户的生意有深入了解，这就需要专业的关键客户经理，而且可能还需要有特别的或者半永久的团队为之设计并制定价值主张。这个团队由具有不同技能与知识的人员组成。这可是一项相当大规模的投资，需要小心地管理。另外，第七章还会讨论针对其他客户群的不同的资源配置模式。根据客户在一段时期内的利润增长潜力来划分客户的原则，在你满足其需求的竞争优势被抵消后，一定会导致不同资源分配结果的产业。这样的分类会引向正确的目标设立——稀缺资源的分配。这意味着对每一个客户群都殷勤备至是不可行的。

商业是全球化的，而全球化巩固了从采购到战略采购的过渡。正如同采购者要求战略性的价值主张，他们也期待供应商能够在全球范围内为其供货。

第八章展示了国际化的不同模式，并阐释了一些能帮助公司与其关键客户一起走向国际化的因素，以及一些制约国际化的因素。另外，还特别讨论了跨越极其不同文化的情形下的合作。本书将再一次提供分析工具，以帮助确定哪种模式最适合你们公司。

第九章将探讨一些执行问题、综述以及风险管理。

最后，本书将预测 KAM 的发展前景并展望未来。另外还邀请从业编著者们也预测他们的未来。对未来，我们信心满满。20 年前，当撰写关于 KAM 的著作时，我们也做了预测。第十章附录中的反思显示，我们当时确实很看好几件事情。作为生意人，不仅需要从过去积累的最佳实践经验中了解今日的情况，还要知道它是否能提供对将来有用的信息。

总之，本书旨在使读者掌握管理关键客户的相关知识。本书的草稿几经从业者、关键客户经理的审核。销售总监，企业家与专业采购人员也友情提供了他们的专业评论，以帮助阐明本书的观点。没有任何 KAM 方案的实施能够雷同，但我们认为，本书介绍的核心技能会为你提供原始材料（不论 KAM 方案能发展到哪一步）。

现在，让我们从头开始——在公司中，KAM 位于何处，它如何帮助公司保持利润的增长？

■ **思考：**

你的公司在试图实现什么目标？

你能否指出，是什么原因导致你的关键客户对公司来说如此重要？

关键客户的活动与公司的业务目标是否一致？

第二章

关键客户在实现业务增长中的作用：

关键客户管理在整体工作中的定位

本章讨论的是关键客户如何帮助公司成长。除介绍关键客户的分析方法及如何规划业务增长战略外，还介绍包括相比其他类型客户对关键客户管理的最新定位思考。简单地说，即要介绍技术在强化客户关系中的作用。这个热门话题将在第六章中再次提到。另外，还要阐述关键客户规划该如何与市场营销计划、公司计划协调一致。

◆ **案例研究　TIX方案有限责任公司**

　　TIX方案有限责任公司（以下简称"TIX"）是一家中等规模的信息技术系统供应商，是一些大品牌硬件的增值转销商。五年前，他们为一个政府部门提供了一次主要系统升级服务。该政府部门为了在一个资源匮乏的地区创造就业岗位，于五年前迁移到一个小镇。由于在当地的根基，因此TIX被选为该部门的供应商，并因这个合同而获得发展。合同内容包括设备的维修和培训及一项用户支持服务水平协议。

　　TIX的董事会与该政府部门举行了亲切的会谈，但关键客户经理却要应对大量因技术人员与系统使用者之间的矛盾而产生的压力。系统本该升级了，但因预算成本不高的缘故，又不得不推迟升级。于是，出现问题时，TIX的工程师们就只能为设备更换零部件，但这又会影响系统的使用，而且，在过去的五年里，对于计算机系统的安全性能要求也在不断提高。这意味着，TIX的软件分析师不得不使用很多的补丁来保障数据的安全。关键客户经理担心TIX会因为客户不投资导致的问题而受责备，同时，如果将该合同的人工成本都算上，这个客户关系的收益性看起来就相当低了。

　　因此，当该部门的负责人答应拨款来资助投资时，情形看起来是喜忧参半的。预算谈判决定该部门将所有信息技术职能作为一个托管服务外包出去，合同期限为10年，然而，新的服务必须包括安装使用新的通信技术，这会为政府节约一大笔钱。关于新的服务的提案将在世界范围内征求，采购顾问会处理投标过程。

　　这个机会为TIX带来了几个战略性问题（如图2.1所示）。TIX可以提供托管服务，但该公司根本不是这一领域的市场主导公司。由于事先对政府部门的公告知之甚少，关键客户经理认为肯定有一个竞争者影响了新的计划，

图 2.1　TIX 遇到的问题

而且，如果 TIX 为此计划投标，那么它将不得不接收客户部门里那些对公司不满的员工，这些人将会难以管理。TIX 不得不使用一项新技术，他们知道，这虽然是一种新技术，但还存在许多缺陷。尽管如此，如果 TIX 失去这样一个重要客户，那么后果似乎也是不堪设想的。如果是竞争对手赢了，那么他们则很有可能会挖走 TIX 的核心人员。

TIX 的高管需要参考公司的整体战略规划。到底应该为一个现成客户投资多少钱用于提供一项更庞大的服务？这项新技术到底是发展机会，还是风险？TIX 是否该与一个更大的公司合作来做提案？失去一个大而不太盈利的客户会给公司带来什么后果？

关键客户可以成就或者毁灭一个公司。如果公司的服务令他们满意，那么双方的关系会积极而有益，双方的收入都会增长；如果形势发展失去动力，或者两家中任何一家公司有了新的发展方向，或者有了第三方，那么事情就会变得很困难。这时就需要某一方做出大胆的决策。TIX 曾经有一个重要的关键客户可以帮助他们实现业务目标，但目前存在一种潜在的危机。为了理解关键客户在实现业务目标中的作用，先看一看其业务目标与战略规划是如何制定的。

如何制定利润增长战略

关键客户管理可能是利润增长不可分割的一部分。在过去 30 年里，约有 200 个关于关键客户管理实践的严谨研究报告得以发表，其中大部分研究都报告了那些有效实施关键客户管理的供应商获得了客户关系上的收益以及财务上的收益，但是，此方面的证据并不一致。关键客户这方面可能会出问题，因此，对公司来说，监控关键客户为实现利润以及增长所做的贡献至关重要。有时，关键客户带来的好处可能是他们提供的业务范围，也可能是在某些业务中为其降低了风险。利益既可能是直接的，也可能是间接的。

在本章，我们首先关注的是业务增长目标。在所有经济体中，增长都来自小公司发展为规模更大一些的公司。大公司发展的空间不太大，但他们总是准备着从竞争者那里分得一份市场份额。因此，我们可以假定，诸如关键客户管理这样的战略会聚焦于让公司整体上有发展。的确，许多小公司就是通过与大的关键客户合作而发展起来的。

先就此来界定一些核心概念。目标，即你想要实现的事物；战略，即你如何实现目标。虽然我们与客户并不是在进行对抗，但是采用军事类比来区分营销与销售规划中的战略与战术还是大有裨益的。在军事冲突中，战略是战争行为，而战术则是战斗行为，因此，如果你制定了一个目标，预计让公司的销售额在三年内增长 10%，那么其中的 7% 要通过关键客户管理战略来实现，与关键客户 x 就其 y 产品的新配方进行合作就是一种战术。

▶ 在公司战略中的市场与产品

许多读者都对迈克尔·波特的成本领先基本战略、产品差异性，以及利基市场耳熟能详，但另一个伟大的思想家伊戈尔·安索夫设计了另外一个更可行的制定公司战略的方法。该方法受到了市场营销及销售方面的专业人士的推崇。该方法即安索夫矩阵，如图2.2所示。

	产品	
	当前	新的
市场 当前	市场渗透	产品研发
市场 新的	市场拓展	多元化

图2.2 安索夫矩阵

资料源自安索夫（1957）

安索夫的分析建议那些一心谋发展的公司划分4种类别的战略活动。将现有产品卖给现有客户（市场渗透）以及为现有客户研发新产品（产品研发）都与关键客户管理高度相关。TIX公司的案例就含有其中的一些要素。能否将目前生产出来的产品卖给新客户（市场拓展）关乎整体的市场营销及销售管理能否顺利进行，因为一段时间后需要有新的关键客户出现。将新产品卖给新客户（多元化）被普遍认为具有很高风险。

并非所有的战略方向都同样重要，或者合乎心意。一家知名跨国公司就争辩道，仅仅从销售工作讲，图2.2中左上角的方框需要1个销售单位来完成，而右上角的方框则需要4个销售单位来完成，左下角的方框需要40个销售单位，右下角的方框（向新市场推出新产品）则需要400个单位！

大多数公司最感兴趣的是左上角的方框，即公司出售给现有市场/客户的现有产品。目前的战略性客户，通常称作"关键客户"，就位于这个方框里。

对于其中每个关键客户，公司都需要单独为他们制定规划，以决定应如何改进公司的生产力，增加公司在该客户的开销中所占的份额。第五章将讨论这个问题。目前，建议让你仔细思考公司发展的整体目标。

▶ 战略规划如何帮助公司实现目标

制定规划时，公司要做的第一件事就是设立一个几年后，比如，三年后必须要实现的目标。例如，本书中的一位作者是一家营业额为五百万英镑[1]的公司总裁。他知道，为了能在三年后卖掉该公司，到时，营业额就必须达到一千万英镑。那么，对这位总裁来讲，营业额达到一千万英镑是他必须实现的目标。在人生的任何努力中，不论这是在运动中获得成功，还是管理家事或者人际关系，都需要辨别出终端位置（必须实现的目标）。这样，才能回顾自己现在的位置，预估目标距离你目前的情形还有多远。接着，再决定前进的道路。有的时候，那个必须达到的目标可能仅仅就是公司的生存。

成功的高管在制定未来的目标时也会回顾过去。我们是从哪儿来的？我们是如何到达当前位置的？这些历史对我们该如何前进有什么启示？

下面来看一家志向远大的建筑公司是如何应对 2008 年金融危机的。

> 2008 金融危机之后，新的建筑项目停工，维修工作延迟，许多建筑公司因此都面临紧缩或者解体。而那些挣扎下来的公司则不得不彻底审视他们的业务。在我的公司中，我们决定实施关键客户管理计划。首先，这有助于我们保留现有客户；其次，在事务性的领域，我们会照顾他们。更重要的是，关键客户管理为我们赢得公共服务领域，或者为我们赢得政府管制领域里大机构的新业务打下了基础。我们决定去理解房屋协会与公用事业公司的需求，偶尔也跟他们做生意，但我们的最终目标是成

---

[1] 1 英镑 =8.67 元。

为特定客户的首选供应商。

证明你值得从临时供应商的地位提升至首选供应商的地位是一个复杂的过程，但好处是显而易见的——这是实质性的利润增长。我们不得不联系那些目标客户中的专业采购者们，寻求他们的建议并做足功课去了解作为一家对成本敏感的大公司的"框架协议供应商"需要做到什么。在大公司里，信任、名誉及社会责任是同样重要的。例如，承诺招募由客户负责维修的房地产公司的学徒，以借此向客户表达，我们跟他们有共同的价值观。

关键客户管理需要花很长时期来管理客户收益率。我们不得不投入时间、金钱来设计、提交成功的框架协议标书，或者是续投的标书，但是，我们对自己的服务以及员工都很有信心。我们的投入能够持续取得好的结果，中标率也高得惊人。当我们被一个新的框架协议选中，成本就降低了，因为在几年内直到续约前，我们已经确保拥有一个获得机会的重要渠道。当然，我们必须每一天都确保，为关键客户提供的服务以及与他们的沟通都是一流的，并借此向他们传递这个信息，即他们对我们具有战略重要性。

赢得这个额外的业务为我的公司注入了生命力。随着我将公司带到下一个发展阶段，我有意继续投资关键客户管理。

马克·杰克逊
杰克逊与杰克逊父子有限责任公司销售总监

你可以看出杰克逊与杰克逊父子有限责任公司的成功几乎完全依靠采用关键客户管理策略，与现有客户做了多笔买卖而实现，然而，关键客户管理依靠的是选择几个客户以获得他们的特别关注，而且还有其他客户可供考虑。公司必须审视安索夫矩阵中的其他要素，图2.3所示为公司应如何选择发展路径。

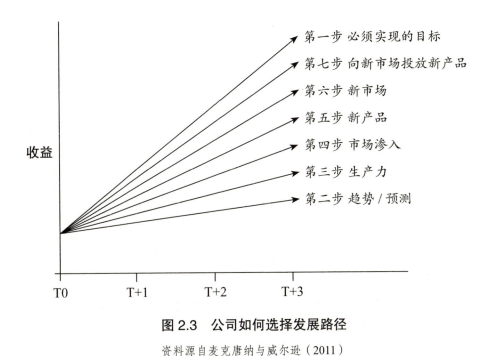

图 2.3 公司如何选择发展路径

资料源自麦克唐纳与威尔逊（2011）

如图 2.3 中，必须实现的目标是基于收益的，收益量可在左手边的纵轴上表示。在横轴上，你可以标示出计划的时间范围。T0 指的是现在，T+1 就是现在加上一年，等等。

用此图表来绘制公司目标的第一步，即确定三年后想要达到的收益（必须实现的目标）。

第二步是输入可能实现的收益数字。如果继续从事目前所做的事情，那么这就是那条趋势线。可能与上年同期数字相比，会有一个较好的增长值，但趋势却可以向下走，也可以向上走。

第三步，你需要将视线集中在"生产力"那条趋势线上。下面列举了几个可操作的改进生产力的措施，以供你制定让公司增收的方案。例如，结合以下几个要素，已经成功地让某公司实现了 35% 的收益增长：

◆ 改进后的产品结构；
◆ 改进后的客户组合；
◆ 更聪明的电话销售；
◆ 针对性更强的促销活动；
◆ 市场导向定价，包括避免打折；
◆ 送货费用；
◆ 减少应收账款天数。

第四步，对安索夫的"市场渗透"领域——向现有客户销售更多的现有产品/服务，则需要考虑做出战略性回应。杰克逊与杰克逊父子有限责任公司的案例给我们一些启示，应该做出什么样的战略性回应：

①深入理解客户的购买需求；
②做出具体的报价；
③要让你的产品、服务、价值及做生意的方式与众不同。

换言之，就是关键客户管理。第五章将会更多地讨论应该如何根据客户需求确定公司的价值。

第五步，考虑向目前的市场及客户引进"新"产品，但是，绝不要想当然地认为，他们会自动地采纳你的想法。我们已经见过太多的关键客户规划想当然地认为只要新技术投入生产，客户就会采用，然而，事实并非如此。新技术新产品可能会引起破坏与改变，因而不会受欢迎。例如，如果新的包装形式跟仓库的设计以及与超市货架上的大笔投资相冲突，那么其就不会被采用。在新产品研发的早期就应该让关键客户参与进来。TIX就很幸运，因为它的客户想用新技术。在一个极具挑战的方案中，这是一个积极的信号。

> 根据以往的经验，客户喜欢成为关键客户，因为他们将得到更好的服务。这主要以两种方式取得。第一种方式是，关键客户经理及关键客户团队会促成客户从复合供应商那里便利地获取无数的产品及服务；第二种是，作为一个关键客户，他们有更多的机会接触公司高管。
>
> 我们当然想让客户从更好的服务中受益，但投资关键客户的主要原因是扩大销售量，并且将新产品交叉销售给该客户。同样，我们也寻求对方愿意将更多销售量激励写进年度协议里。目标与奖金，都是关键客户经理必须完成的任务。
>
> 史蒂夫·杰克逊
某全球制造与服务公司的业务拓展部经理

正如史蒂夫·杰克逊指出的那样，关键客户是被选出来实现两个增长目标的——市场渗透与产品研发。

第六步，考虑将现有产品推向新市场。现有的市场可能在一段时间后会衰落，但是，若如果希望公司继续发展，则可能需要在新客户、新领域或者新的地域运转起来。

第七步，考虑向新市场引入新产品。管理史上充斥了多元化失败的例子，其原因不难理解。任何品牌的声望都来之不易。向一个不为人知的新领域引入新产品会占用大量资金。这虽然并非不可能，但绝不是大多数战略家的第一选择。

现在，再返回去看一下 TIX 的处境（如图 2.4 所示）。为了让公司生存下去，TIX 不得不向他们的政府部门客户引入一个既有产品以及一个相对较新的产品，这会占用大量资源。如果该公司雄心勃勃，有一个"必须"实现的目标，那么，TIX 就必须找到一个实现目标的办法。

如果他们失去这个客户，裁员肯定会很困难，那么，为了提供这项更大的服务，他们应该进行多少投资？一个更好的问题可能应该是，他们可能在多

图 2.4 TIX 反思的内容

大程度上让客户参与分担投资风险,以回报如果在不久的将来实现"如果可以成本节约,那么就给予返利"这样的奖励。

作为一个新技术公司,虽然 TIX 很关注客户将使用的软件平台的缺陷,但他们确实需要提供新的平台。因此,TIX 就必须要为技能培训投资。

还有一种可能就是,将一部分业务签给一个合伙人。在复杂的商业领域,与第三方以及供应链网络合作是很常见的行为。关键客户管理并不总是仅仅指一个供应商与一个客户之间的关系。虽然在本书中,大多数情况下关键客户管理是指供应商—客户的关系,但是有一些关键客户是来自经销商、专业人士(例如,建筑行业的建筑师)、供应链中的主导品牌(他们可以决定分部装配制造商使用的零件)或者有影响力的人(诸如顾问等渠道的合作伙伴)。

最后,结束这段关于业务增长来源的综述。一旦制定了必要的战略,使公司朝着目标前进,则还需要制定更详细的规划。业务的增长将影响公司各方面的运转。诸如,固定资产的使用与运营资本、现金流和人才招聘,或者员工再培训,甚至公司文化。这些影响都需要同财务、运营以及人力资源部门的专家磋商后，在规划中予以考虑。专业销售人士有时会感到奇怪，为什么他们带来一单大生意，反而会引起危机，实际上是，运营部的人可能会大发脾气，因为他们得加班加点生产产品。接着，财务部的人也会发脾气，因为加班意味着加班费，这会侵蚀这笔生意的收益性，而且如果客户不按时付款，则又会导致现金流超过与银行达成的极限，然后，转眼之间——公司破产了。

不能孤立地思考市场营销、销售或者关键客户战略，因此，你不仅需要看你的关键客户能怎样帮助你的公司实现利润的增长，而且还要看其可以为公司的产能做什么。为了公司的利益，需要拥有广泛的客户投资组合，以化解运营及现金流的风险。公司可用不同的方式为这些客户服务。

客户投资组合中的 KAM

关键客户管理不仅只是公司需要的营销与销售战略。图 2.5 展示了一家商业公司的大型而复杂的客户投资组合。其中,纵轴衡量销售潜力,横轴测算服务成本。

在过去 20 年里,在关键客户与大量小客户,或者是成本驱动型客户之间存在两极分化现象,后一类型的客户总是喜欢在门户网站上,或者跟第三方销售公司做生意。对公司而言,关键客户是重要的收入及利润的来源,然而,公司绝不应该忽视事务性业务,或者是所谓的"中间层"客户,也不应忽视使用门户网站的客户,因为他们中的一部分也可能会发展壮大。若要让关键客户管

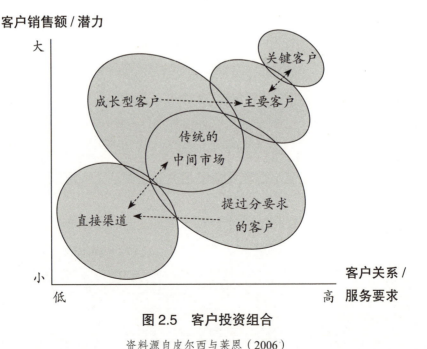

图 2.5　客户投资组合

资料源自皮尔西与莱恩(2006)

理与公司的整体业务战略契合,则必须将它置于整体客户投资组合中加以审视。

客户总是千姿百态的,对客户群细化分割才能保证匹配合适的服务水平。图 2.5 中的分类如下:

- ◆ 关键客户数量稀少。他们具有巨大的潜力,但为其服务也很复杂。
- ◆ 主要客户要么正在上升为关键客户,要么就是衰退中的关键客户。
- ◆ 传统的中间市场,或中间层,是客户投资组合中的一个重要部分,但却常被忽略,包括将来的关键客户。如果予以关注,那么它可能十分有利可图。
- ◆ 在此应注意,一些中间市场客户成长为主要客户(成长型客户)。
- ◆ 一些中间市场客户(提过分要求的客户)可能会要求提供不适合他们销售潜力的服务。
- ◆ 销售潜力较小,且服务要求较低的客户可以通过在门户网站、电话销售或者分包给销售公司,以目标客户营销的方式轻松为其提供服务。技术在为小客户提供定制化通信及商品信息方面发挥作用是业务拓展中的"大趋势"。

> 专用化学品的巨头美国道康宁公司,在 2002 年启动贝科拉有限公司(Xiameter)时着实让竞争对手大吃一惊。贝科拉是一个基于网络的打折销售渠道,它在获得授权引入新业务的同时,也留住对价格敏感的客户——这些客户日渐远离传统的、与公司高度接触的关系。
>
> 洛伦·加里
> 任职于战略与创新公司

洛伦·加里接着又解释道,产业分析家们认为这是一个自杀性的举动,但他们说错了,贝科拉在三个月内就为道康宁公司收回投资。化妆品及电话通信领域的关键客户们仍在要求他们的研发专家们去开发新产品的配方。另外,还有那些想以最优惠价格获取大众化消费品的客户们依然在使用门户网站,因此,关键客户管理可以结合其他销售战略一起实现公司的目标。

一些业务关系比较简单，简单到就像将一罐罐豆子直接卖给街边小店一样；另一些业务关系则复杂得多，涉及为最终用户供货的各种途径。例如，公司的业务涉及给产业公司提供电气化、自动化及数字化产品。这其中的供应链极其复杂，里面牵涉各种人员，如批发商、增值分销商、承包商等。

简单的事务性业务关系也需要关键客户管理吗，不论它们是多大的业务？我认为不用。我觉得，这正是目标客户营销（ABM）及电子商务能满足客户需求，并且为供应商节约成本的地方。

在供应情况复杂，以及整个供应链都需要维系关系的情况下，尤其是涉及非直接客户的产品指定人的时候，制定关键客户管理战略至关重要。与客户以及供应链中的其他参与者们的关系必须层次高、范围广、程度深。换言之，两个公司之间的关系必须达到董事会级别，要跨越两个公司的不同职能部门，而且可以达到相当程度的、详尽的相互理解。关键客户经理不仅要表现出对客户业务和整个领域及供应链的深入了解。另外，还要与富有经验的专业采购者培养出可信度及信任感。这样，他才能建议客户如何为将来做准备。我深信，在复杂的形势下，关键客户管理的未来是有保障的。

目标客户营销在关键客户关系中仍旧发挥着作用，并且能在机械的日常事务及通讯中为客户创造价值，但在当需要产生创意、专家论证、涉及多方利益相关者、多种标准的决策以及多重结果的谈判时，关键客户管理仍旧是王者。

斯图尔特·莫兰
某全球制造、工程及服务公司的销售–垂直市场部总监关键客户对公司具有战略意义，而且，正如斯图尔特·莫兰所揭示，这种战略意义任何时候都不会过时，但客户投资组合中的其他部分也可以实现利润增长。应用技术服务小客户并收集他们的购买行为数据是许多公司的一个关键投资领域。也许，技术的吸引力在于它可以降低服务客户的成本，但是，它也可以为客户提供他们以前从未享有的便利与选择，而且，它对非关键客户也能产生足够的洞察。这样，未来的关键客户就得以发现了。如一家小公司时常超过信贷限额，是否该对其提起诉讼？如果你的系统采集到一些外部信息，并且发现该公司具有很高的增长率，那么就不用起诉。是时候该谈谈怎样帮助他们更快发展了，以此换得他们更大的业务份额。

▶ 技术在管理客户投资组合中的作用

本章的参与者斯图尔特·莫兰提到采用目标客户营销的方式服务那些不太复杂的客户。ABM 这个术语经常与关键客户管理混淆，但它其实应该单独界定。ABM 涉及针对个体客户或者潜在客户的整合营销及销售沟通。这区别于那种"四处撒网"式的营销，后者是公司对公司市场中一种特别浪费的营销模式。现代客户关系管理（CRM）系统的优势在于可以采集到大量客户购买行为的数据。这样，即使是一个公司门户网站上偶尔的买家，也可以收到与其使用模式相符的定制化的产品信息。

表 2.1 总结了目标客户营销图 2.5 中指出的不同类型客户可能产生的作用。很可能无须营销或销售部门的过多干预，使用直接渠道的小客户就会收到由 CRM 系统发送的商品促销信息，但若这个直接渠道是外包给签约的销售机构（也许是电话销售）或者是销售代理商，则需要更多营销干预。因为许多机构都与承包商共享系统，所以，系统会提示他们对客户特别的购买模式予以回应。如果发展顺利，那么假以时日，这些客户可能会进入中间市场。

中间市场或者中间层客户可能会有一个指定的客户经理，即使这只是一个服务台上的，或者是电话客户经理。中间市场客户也可以由签约的销售机构来管理，这样，他们可以得到关注。公司与中间层客户的大量生意可能是由目标客户营销驱动产生的。但仍需要一定技巧来识别那些未来的关键客户，即目前的成长者。在这一部分的客户投资组合中也许会有一些不能盈利的客户（"提出非分要求的客户"），但也有研究显示，总体而言，中间层客户还是有利可图的，甚至可能比关键客户带来的利润更多。

  主要客户与关键客户一般都有一个专门的客户经理。目标客户营销则在确保这些客户能享受卓越的交易流程及沟通上发挥着作用。主要客户常被描述为大客户，但未必具有战略意义。需要保留主要客户，但未必起关键作用。

表 2.1 目标客户营销对不同类型客户的作用

在客户组合中的位置	目标客户营销的作用	员工支持
关键客户	运营基础设施，流程优化、正规的沟通平台	关键客户经理与关键客户团队
主要客户		主要客户经理
发展中的中间市场客户		业务拓展/高级销售人员
中等销售潜力/中等服务要求客户	支持性——监控购买行为，给客户及电话销售团队发送语音提示	电话客户管理
提出非分要求的中间市场客户		电话客户管理
低销售潜力/低服务要求客户	前瞻性——监控购买行为，向客户发起直接通讯及订货提示	非常有限——如呼叫处理器

资料源自保罗·博蒙特，英特利姆的销售总监

  在公司对公司营销中，目标客户营销是一个非常重要的趋势，它必须与关键客户管理一起予以考虑。财务决策者总想知道能否降低客户的服务成本，而营销及销售活动的数字化显然提供了机会来降低服务成本、改进目标市场的选择以及销售活动。第六章将更详细地讨论目标客户营销，及其在关键客户管理中的作用。这一章将由一位产业专家撰写。

关键客户管理在公司计划与营销计划中的定位

公司总是先要把许多计划整合在一起，然后才能放到股东们面前，告知它将前往何处，为何需要更多投资。表2.2所示为一家大公司的计划层级。

表2.2 一家大公司的计划层级

公司计划								
营销计划								其他职能计划
关键客户管理概述			主要客户计划	中间层计划		整合后的分区计划		
关键客户1	关键客户2	关键客户3		中间层1区	中间层2区	小客户1区	小客户2区	

资料源自麦克唐纳与罗杰斯（1998）

当然，投资者不会仅仅为计划的质量所打动。现在，我们将谈谈股东现在期待了解的整体情况，这对关键客户管理的实施有一些影响。

▶ 公司计划

图2.6所示为一个典型的公司计划中的各个要素。

> **公司目标与战略**
> - 公司目标（什么）：盈利
> - 公司战略（如何）：
>   ◆ 条件(如运营、研发、信息技术、配送等)
>   ◆ 人（人员）
>   ◆ 钱（财务）
>   ◆ 产品与市场（市场营销）
>   ◆ 其他（公司的社会责任、形象等）

图2.6　一个典型的公司计划中的各个要素

资料源自麦克唐纳与威尔逊（2011）

公司可以设立几个目标，但需要仔细考虑如何衡量朝向目标的进展。除非你能衡量这种进展，否则其就不算目标，因此，诸如"最大化""最小化""渗透"这样的表述不是公司目标，因为它们不够明确化。当然，可量化的目标代表终点。在前进的途中，活动质量也应该被衡量。

我们已经谈过收益目标及公司的发展，但是公司的估价高低也取决于利润的多少。市场营销及销售目标与战略，应该根据子市场及关键客户的情况，从服务客户的成本方面加以评估。要确保公司能持续盈利，怎样才能达到现金流资本、将为每个客户所配置的资本及人员最有效的使用？

这些还需从声誉影响方面加以评估。目前，许多公司采用三重底线（the Triple Bottom Line, TBL）的方式来评价他们的表现。公司可以用环境、社会、经济表现的内部及外部措施来加强品牌声誉。"三重"底线指的是对人、对利润以及对这个社会的积极影响。当然，对公司而言，至关重要的可持续性发展依然根植于利润。如果一家公司不能比其竞争对手更好地满足客户需求并且盈利，那么，员工就会失业，慈善机构就不能再得到捐款，当地社区也不能从公司的成功中获利。

关键客户管理必须是营销战略不可分割的一部分，同时也触及公司的其他许多部分。关键客户的价值是通过具体的运作实现的，如技术、物流等方面的运作。所有公司都有稀缺资源,而这需要以最适当的方式来配置,以便实现盈利目标。关键客户管理目标及战略必须通过营销计划融入公司整体计划当中。为每一个关键客户制定的战略规划必须与整体形势融为一体,因为这样可以从关键客户的角度解释营业总额,并且这会影响新产品/服务的引入。这样也能告知公司,在客户组合中的其他部分还需要拓展多少新业务。

▶ 营销计划

营销计划应该能为关键客户经理创造各种可能性,以供其从中挑选出一些创意带给客户。

营销计划不仅只是关于广告的活动。它们应该能提供一个缜密的方法,使公司有能力满足客户的需求,并规划好如何将价值传递给客户,以及如何进行沟通。

一个战略营销计划的各个要素如图 2.7 所示。

战略营销计划
　内容
　● 财务总结
　● 市场概述
　　◆ 市场如何运转
　　◆ 关键环节极其需求
　● 对环节的 SWOT 四点分析
　● 对四点分析的总结
　● 设想
　● 目标与战略
　● 预算
　● 风险与意外

图 2.7　一个战略营销计划的各个要素

资料源自麦克唐纳与威尔逊(2011)

计划内容一定要富有可操作的创意，以便能创造出可持续的竞争优势，即创造股东价值，这不单单是在任何一个交易阶段，而是要以一个可持续的方式贯穿整个计划期。这个计划至少要提前三年开始进行。营销计划应该能为关键客户经理创造各种可能性，以供其从中挑选出一些创意带给客户。

对比鲜明的市场营销战略如图2.8所示，其鲜明地对比了那些有持续竞争优势的营销战略与那些竞争优势较弱的战略。研究指出的主要弱点，毫无疑问，是指许多公司仍然是从产品，而不是从需求的角度来界定市场。

40多年以来，对长期的财务成功以及卓越的营销战略之间的关联性的研究显示出以下内容：

卓越的战略	疲软的战略
◆ 对市场有深入了解	◆ 总是谈论产品
◆ 确定基于需求的目标市场	◆ 确定产品分类目标
◆ 为每一个市场提供有针对性的产品	◆ 为所有市场提供相似的产品
◆ 有明确的产品区别、定位及品牌战术	◆ 无产品区别、定位，而且品牌战术差
◆ 充分利用自己的优势，并将劣势最小化	◆ 对自己的优势及劣势都不甚了解
◆ 未雨绸缪，抢占先机	◆ 打算用历史数据

图2.8 对比鲜明的市场营销战略

资料源自马·麦克唐纳在克兰菲尔德大学管理学院的教学资料

人们普遍认为了解客户需求是成功的市场营销的重要部分，它也是关键客户管理不可缺少的部分。表2.3（理解客户需求）正说明了这一点。

TIX这样的公司需要知道它的客户在试图获得什么，并要了解实现这个目的所需要的技术是什么，但不能假定客户会了解或者在意这个技术。

表 2.3　理解客户需求

客户如何谈论他们的需求	
客户的观点	供应商的观点
给我们关于……的建议	
降低成本	平台即服务、软件即服务、基础设施即服务
未来的技术方向	物联网、传感器、制动器
给我们……方面的帮助	
为我们设计并配置系统	景观虚拟化
让我们的程序更好、更简单	业务优化分析
跟客户以电子方式做生意	如 Shopify、Volusion 等电商平台
承担……的负担	
跨越国际界限管理的网络	广域网、云计算/服务、元网络
网络安全	区块链构架
从泛洪中恢复	Azure 云计算、威睿虚拟机
让网站适合移动设备	Git 版本控制工具、Sails Web 快速开发框架、Bluemix 云端服务

资料源自马·麦克唐纳在克兰菲尔德大学管理学院的教学资料

▶ 关键客户中的需求分析

在 B2B 营销模式中，更加棘手的是，每个关键客户中不同的决策者都有不同的个人及职业需求。

图 2.9（理解不同类别的采购决策者）显示了一项研究结果，也许有助于 TIX 使关键客户中采购团队的成员态度人性化。在横轴上，对采购的态度处于期待回报与松了一口气的这个范围内，前一个态度显示了对战略收益的兴趣，而后一个态度则暗示希望能避免问题，或者是运作中的麻烦。在纵轴上，采购决策者的态度则处于侧重业务与专攻技术这个范围内。那些为公司做规划的人若期待回报，则很可能会成为激进的战略家，他会期望供应商能够提供一些比较庞大的计划。

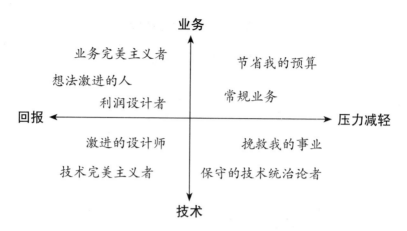

图 2.9 理解不同类别的采购决策者

资料源自 M. 麦克唐纳在克兰菲尔德大学管理学院的教学资料

而位于压力减轻/技术那一个象限的人,则只有兴趣听供应商说能提供给他们挽救事业的产品。人们很难做到两全其美,但关键客户经理不得不理解这些不同的态度,并在提供的方案中顾及不同的需求。

我们期望,像 TIX 这样的公司的营销经理们不仅能做出可以激发客户组合整体动力的营销计划,而且还要确保给予关键客户经理运作上的支持,例如,对决策者的研究。营销与客户经理的岗位与职责各不相同,在许多公司中,销售与营销部门的关系并不融洽,我们并非对此一无所知。越来越多的研究显示,销售与营销部门的一体化大有益处,但也有一些研究提醒我们,这两个职能之间偶尔也应该有创造性的争执。总之,营销部门应为公司的总体价值主张创造出整体品牌偏好,而关键客户经理则专注于各个客户。当然,他还需要来自营销部门的沟通支持,例如,针对客户的研究与新闻、案例研究、产品/服务介绍材料以及与客户会见使时的情景介绍(那些被称作"营销附属品"或"快速销售营销"的材料)。

在战略规划时期,这两个职能部门应该能够共事。在此期间,成功的客户规划有赖于坚实的营销计划,而成功的营销计划也依靠坚实的客户规划。他们应该能在操作层面上彼此合作。下面,用一个商品交易会来举例,在交易会上,营销部门希望能从公司的展位及活动中营造出公司的总体印象,而客户经理则需要与采购决策者面谈具体事宜。绝不能想当然地假设营销是战略性的,而销售只是操作性的。营销与销售应共同分担责任,以便为公司带来盈利性收入,因此,他们的利益应该是紧密相联的。

▶ 再谈 TIX 案例

在公司的经营战略及营销战略方面,TIX 该热爱并珍惜它的公共部门客户吗?该客户要求高,而盈利却低。TIX 确实决定去投标争取这个业务,因为不投标就意味着要接受业务规模的严重萎缩。这就意味着,对许诺给股东的"必须"实现的目标要做出全面调整。这会影响公司在当地商界的地位,使员工及投资者消极冷漠,但他们也知道,对这个关键客户,他们得利用新形势促进公司的发展与盈利性。TIX 成功了。这是如何发生的?

原因有多个。TIX 在投标中引入了新通信技术最好的制造商作为自己的合作伙伴。他们在标书中放置了大量资源,以确保每一个客户的需求都得到详尽的照顾。TIX 强调的是该公司对所在城市做出的贡献。他们将大量资源用于新技术的实施,以便出现问题能快速解决。以前暴躁的客户被打动了,愉快地为他们充当起了参考客户。这是一个经典案例,揭示了如何能通过一个关键客户获得公司的发展。因为 TIX 确实迎合了客户寻求新科技的雄心,该公司对其他一些机构而言,就成为一个有吸引力的供应商,因为这些机构也有意冒险使用新平台以求节约成本。这样,TIX 就以较少的销售及营销成本赢得了新客户。

有人担忧,交易双方的价值会在长达 10 年的合作期间遭到侵蚀。在信息技术时代,这确实是一段相当长的时间,因此,TIX 又安排了复核与再招标。托管的服务协议经证实比先前的维修与服务合同更盈利,因为 TIX 对产品升级有更强的控制力。

深思熟虑的战略性的方式使原本处于危机中的关键客户促成了公司增长目标的实现,而且也同样提高了客户盈利性。

结语

向关键客户投标的细节看似与公司发展战略相去甚远，但实际并非如此。战略涉及为机会配置稀缺资源。如果一个投标对公司发展目标至关重要，那么销售经理需要投入最佳资源，采用最好的战术使公司中标。对股东而言，只有营销或者销售部门能带来丰厚收入，才会有利润，而如果没有客户相信该公司是可以满足其需求的最佳公司，那么也不会得到丰厚的利润。就关键客户而言，公司需要付出巨大的努力。这意味着，大多数公司只能管理数量有限的关键客户。

■ 思考

需要注意或者查明的事项：

公司的销售目标在安索夫象限中如何分布？

应该用什么方式与小客户在线上做更多交易？

我们是否清楚自己能管理多少个关键客户？

关键客户规划如何与公司的其他规划协调一致？

市场营销部及市场营销部与我合作的情况如何？

第三章

挑选合适的关键客户：
针对低利润产品和不太盈利的客户，公司该如何做出选择？

在大多数市场中，大客户总是有相当多的选择。如果他们中任何一个被纳入一个特别的、单独管理的关键客户管理方案中，那么我们面临的主要问题就是，多少个，以及哪一个应包括在关键客户管理案内。

> 在我看来，关键客户管理是用协作性方式处理买/卖交易的。这是一种通货，通过它，供应商与客户都能汲取远比交易关系更深远的价值。
>
> 站在卖方一面讲，这有助于缓解竞争，缩短时间线并且能使预测更有保障。关键客户管理始于最初的销售活动，就是当客户愿意与一个战略供应商同行时。客户的积极参与是我的团队如何销售'价值'的不可分割的一部分，而且这有助于我们避免竞争。
>
> 如果你想要你的倡议获得成功，那么：
>
> 不要假定你目前最大的客户最值得关键客户管理的关注（相反，你应该去提升那些有最大潜力的客户来增加价值）。
>
> 也不要假设每一个客户都想要成为关键客户（你得去问问客户们，他们是否想加入该方案）。
>
> 记住，关键客户管理不是为事务性关系服务的，也不能成为给所谓的"关键"客户低价位的借口（你的一些最大的客户，一方面会要求你给出最低价格；而另一方面，却继续把你当作商品供应商对待）。
>
> 重新考虑你的薪酬结构，以便能给予适当的奖励（关键客户管理不会突然成功，因此，你应该考虑如何在短期到中期内选中目标个体）。
>
> 将关键客户管理 纳入更广泛的销售及营销框架内，因为关键客户管理是从营销中提取价值的一种方式，本身不是营销战略。
>
> 大卫·卢卡斯－史密斯
> 某被计入"纳斯达克 100 指数"技术公司企业销售总监

这段很有价值的话引自一个销售总监，我们以此开始考虑成功的关键客户管理的基础是什么。

第三章　挑选合适的关键客户：针对低利润产品和不太盈利的客户，公司该如何做出选择？

◆ **案例研究　芬斯伯格金融服务公司（Finsberg Financial Services）**

吉尔·史密斯是一家跨国食品公司在芬斯伯格金融服务公司（以下简称芬斯伯格）的关键客户经理。芬斯伯格专门为高风险客户，诸如，涉及存储爆炸性物资的客户，或者供应链中涉及产品完整性风险的客户提供保险。关键客户团队中包括备受追捧的核保人。

吉尔接到一个来自大城市的市政局行政长官的电话。吉尔是领英（全球最大的职业社交网站，是一家面向商业客户的社交网络）上的第二个联系人。这个行政长官刚刚接管市政局，打算精简供应商库。他正在找新的供应商并已经让几个领英上的联系人给他出主意。虽然在囊中羞涩的公共部门，这种情况不是很常见，但他还是想让得到最终认可的供应商能采用合伙方式签约，其中包括长期合同以及以创新方式增加价值的机会。大量的合同将通过登广告来公开竞标。他希望芬斯伯格能在金融理财组合上投标。为这样一个大城市的市政局服务会很引人注目，而且很可能很长时期内都能产生大笔收益。能让这样一个高调的决策者来主动寻标，不是很常见，芬斯伯格显然有成功的可能性。

芬斯伯格的确有自己的增长目标，而且一般不会拒绝与喜欢自己品牌的客户合作，但是，这家公司一直专注于自己专长的领域。尽管公共部门机构确实需要为相当大的风险做好保障，但芬斯伯格目前并没有一个客户来自市政局，其战略契合度并不明显。芬斯伯格是否该花费大量时间与金钱去向市政局投标呢？市政局会成为一个潜在的关键客户，还是一个潜在的不合适客户，并且最终会耗费很多服务成本呢？

在第二章中，我们将关键客户管理与专业的营销战略并置，并且探讨了各种盈利性增长的路径。关键客户管理显然是收入及利润的一个主要支柱，必须跟公司里的其他职能部门一样，得到尽可能专业的管理。

此外，还有一些极大的客户，要么因为他们能提供巨额收入，要么因为他们在市场上享有崇高的声望，供应商不得不应付。在大多数市场中，大客户总是有相当多的选择。如果他们中任何一个被纳入一个特别的、单独管理的关键客户管理方案中，那么我们面临的主要问题就是，多少个，以及哪一个应包括在关键客户管理案内。

在第一章中，我们已经阐明要限制关键客户的数量，但那少数的几个幸运者该如何选择？

不同类型的关系

即使是大机构也可能会过度依赖关键客户。如果一个关键客户占据了公司营业额的 10% 以上,那么这标志着需要转移战略,要从客户投资组合中的其他部分开发新的关键客户(如第一章讨论的那样)。为了抵消风险,拥有一个均衡的客户投资组合很重要,并且要将资源集中在那些经得起考验的、协调的客户关系中。有时,你得知道何时应该停止发展客户。

在决定哪些客户或者是潜在客户应该纳入关键客户方案中时,不可避免会混杂不同类型的关系。想一想芬斯伯格(本章开头案例研究中的公司),在案例中他们的潜在客户在还未建立关系前就谈论合伙契约,这会是客户鼓励给公司投资的计谋吗?这样显然降低了客户的风险,但却增加了芬斯伯格的风险。

尽管这个过程非常具有挑战性,但条理清晰地将所有的客户关系分类很重要,因为这样可以恰当地管理每个关系,以便它能达到你期望的盈利水平,这也会增加股东价值。本章的下一小节将详细解释这个过程如何操作。这是本书中至关重要的一小节,因为这一过程的结果将决定其后的每一个步骤,包括为每个关键客户设立目标与战略,以及制定规划与配置资源。

关键客户分类

根据潜力选择并划分客户如图 3.1 所示。虽然这个矩阵有个很花哨的名字，但是不要反感。我们保证这个矩阵很实际、操作性强，而且大有用处。自此以后，我们就称它为 SPM（战略规划矩阵）。

供应商对客户的业务实力

	高	低
高 客户吸引力	战略投资 战略性客户	选择性投资 明星客户
低	主动维护 重要客	现金管理 简单客户

图 3.1　根据潜力选择并划分客户

资料源自伍德伯恩与麦克唐纳（2012）

麦克唐纳/罗杰斯关键客户管理战略规划矩阵的目的在于，确定在下列情况中所有重要的关键客户相互之间的位置。

◆ 每一个客户对你未来的相对吸引力；
◆ 在每一个关键客户中，公司的相对竞争力；
◆ 每一个客户对公司将来的营业额与利润的相对贡献；
◆ 为制定现实的目标与战略提供基础，以帮助公司实现目标。

能从这个规划练习中得到一个意外收获，这就是能够向公司的股东清楚、明确地解释你们公司的战略。

请注意：根据公司的情况与目标改变标准、分值及权重。人们经常问我们要那个"正确的公式"。如果想用一个公式就适用所有公司，那么就大错特错了。我们确实敦促所有公司将客户盈利性纳入吸引力因素中，但这并非只是唯一重要的因素。在第一章，我们已经看过公司的整体目标与战略，这些都会影响选择标准。例如，加工制造商会高度重视交易总量，因为这有助于使工厂每一天都全天候运转，而一个专业服务公司，做完一个项目再做另一个项目的那种，可能会非常看重盈利性。客户吸引力因素也会随着公司的规模不同而变化。大一些的公司看重交易总量，因为他们得维持在一定的交易量范围内；小一些的公司则通常寻求能帮助公司发展的关键客户。就芬斯伯格的情况而言，除了交易总量及盈利性，也许还要将"战略契合度"视为一个吸引力因素，因为这个客户有较高的风险需要管理。

完成战略规划矩阵的过程如下：

第一步

第一步是挑选纳入这个过程的客户。如果拥有一个功能强大的CRM（客户关系管理）分析系统，那么也许可以将选择标准应用于整个客户群，但是，一开始，为了便于将客户选择概念化，我们建议将范围限制在10个客户以内，或者是更少一些，或者是潜在的关键客户。另外，对尚未入选的客户不要心存偏见。在这一阶段，即使客户只是一个目标客户而不是现有客户，也没有关系。这一步至关重要，你必须考虑今后三年公司利润增长的前景，而不仅是来年的。

思考一下表3.1（比较关键客户的钱包大小）中的例子。在表中，我们将客户（或者目标客户）为你提供的产品/服务所花销的金额数量称作"钱包大小"。例如，如果你是一家给制药链供货的纸商每年花费四百万英镑采购纸张产品，那么四百万英镑就是他们的钱包大小。

表3.1 比较关键客户的钱包大小

我们的关键/ 目标客户名称	"钱包大小" 以百万英镑/年计	我们目前所占的 钱包份额/%
ABC	4	90
DEF	10	10
GHI	20	15
JKL	6	80
MNO	14	75
POR	30	12
STU	10	60
VWX	10	63
YZA	24	45
BCD	8	80

这样,你就已经选择了10个关键客户。

第二步

> 在选择关键客户时(特别当他们是渠道中间商时),选择标准应该包括关系的可持续性,以及该客户潜在的终身价值。客户们要经历严格的挑选标准的考验,而且必须经得起严格审查,才能成为关键客户。最终能否成功取决于公司为该客户投入资源的多少,而且将资源投给合适的客户对长期的成功至关重要。
>
> 达伦·贝利
> 登士柏西诺德公司的商务总监

现在你已经将10个关键客户列在某种"温度计"上,顶端是"高",底部是"低"。"高"是指那些在接下来的3年里可以为任何一个相关的竞争者（不仅是你）提供最佳利润增长前景的客户，因此将纵轴命名为"客户吸引力"。如上段引文中达伦·贝利所提到的，为了做到冷静，你将需要一套富有逻辑性的标准。表 3.2 为客户吸引力评分系统（示例）。

表 3.2　客户吸引力评分系统（示例）

客户吸引力因素		评分系统（总计为 10 分）		
因素	权重	1~3	4~6	7~10
目前交易量发货	40	2~3 卡车货载量/周	2~3 满卡车货载量/天	多辆满卡车货载量/天
他们在本领域的增长率	10	在过去 3 年不足 10%	在过去 3 年 10%~20%	去年 10%~20%
与该客户的业务/潜在业务的盈利性（扣除日常开支、利息、贬值等因素后）	20	1%~3%	4%~6%	7%~10%
组织"契合度"	30	有限的流程整合	数据共享与流程自动化	完全整合的供应链系统
	100			

资料源自麦克唐纳与罗杰斯（1998）

几个公司的决策者必须坐下来彻底考虑清楚，到底是什么令一个客户对这个生意具有战略重要性。表 3.2 中的例子选取了四个客户吸引因素，这是许多公司利润的典型特点，尤其在比较关键客户时。注意，只有一个因素试图捕捉将来的潜力，即客户在本领域的增长率。虽然目前很难做到使分析具有前瞻性，但还是应该尝试着向前看，而不是向后看。

再次参考表 3.2，现在你必须决定，在你选的三四个客户吸引力因素中，哪一个更重要，或者不太重要（将此称作为"权重"）。例如，若你有一家工厂，但工厂的使用率只有 40%，你也许会将更多权重赋予交易量，而不是盈利率。另外，如果你的工厂处于满负荷，那么你可能会更看重盈利率，而不是交易量。

不同的决策者可能会有不同的优先考虑的事情。相比财务总监，运营总监可能会对交易量更感兴趣，而前者则更关注每个客户的盈利性。所有的利益相关者都需要参与权重的决定，但最后采用的加权必须是对公司有整体战略意义的因素。

第三步

在表3.2的右手边，你可以看到评分系统的例子。下一步就是决定如何根据你加权的标准给关键客户评分。几个利益相关者又要商定相对的吸引力该如何确定了。

第四步

表3.3　关键客户吸引力评分表（示例）

客户吸引力							
因素		关键客户					
因素	权重	ABC		DEF		GHI	
目前交易量发货	40	9	360	3	120	4	160
他们在本领域的增长率	10	4	40	8	80	7	70
与该客户的业务/潜在业务的盈利性（扣除日常开支、利息、贬值等因素后）	20	5	100	8	160	6	120
组织"契合度"	30	9	270	6	180	5	150
	100		770		540		500

资料源自罗杰斯(2007)

关键客户吸引力评分表（示例）见表3.3。根据你在表3.3中用过的参数来为每一个关键客户打分。之后，再以权重（也在表3.3中）乘以得分。这时，你就可以看到，低权重因素的高分是怎样被高权重因素的低分抵消掉了。

可以根据图3.1画一个方形图表，然后将每一个关键客户放在框的竖线上，分数从低往高排列。务必用数值范围来反映分值的分布，不要用绝对的数字。例如，如果最低分是350，那么纵轴就从300开始；如果最高分是750，那么800就位于数值范围的最高点。这样才会确保你的10个客户中的每一个都分布在分值范围内。

记住，纵轴靠下端的客户未必就"没有吸引力"，这点也很重要。客户在纵轴靠下端仅意味着接下来的三年里，其不如靠近纵轴上端的客户一样有那么大的能力帮助公司增长利润，因此也就没有那么大的吸引力了。

第五步

与最大的竞争者相比较，评估公司对每一个关键客户具有的优势。先借助你在"客户钱包份额"中觉察到的情况，凭直觉评估一下。如果所占的钱包份额在50%以上，那么你的竞争力一定很强；如果低于50%，那么这一定是在分值范围的低端。注意低端是在矩阵的右手边。之后，如第六步阐明的那样，再看能否让客户给你提供详尽的信息。

> 至于你对他们的业务是否具有战略性，客户们有自己的看法。尤其是新入选者根本就不会在他们的规划中出现。如果你能正式会见关键的决策者，那么很有可能他们会为你提供一系列的可信度测试，大多涉及一些低值的、不重要的机会，对他们公司而言风险极低或者没有风险。采购人士喜欢做安全的采购决策，因此，他们不会一夜之间就签订一个重大的合同，而是往往需要花数年时间才能建立起可信度。
>
> 保罗·博蒙特
> 英特利岰公司销售总监

第六步

表 3.4 一个关键客户如何给供应商评分（示例）

客户 YZA 的关键的成功因素		我们的得分比对手的得分					
因素	权重	我们		A 公司		B 公司	
价格	20	6	120	9	180	4	80
发货量	40	9	360	3	120	6	240
质量	20	7	140	7	140	8	160
创新精神	10	3	30	5	50	9	90
产品系列	10	7	70	8	80	3	30
	100		720		570		600

资料源自麦克唐纳与罗杰斯（1998）

> 有一个衡量客户是否重视与供应商的关系的好标准，就是看他们是否给我们指派了一个尽职尽责的供应商采购经理。
>
> 史蒂夫·杰克逊
> 某全球制造与服务公司业务拓展经理

为了让图 3.1 中横轴的评分客观，必须从每一个客户的角度看自己作为供应商的素质。表 3.4 为一个关键客户如何给供应商评分。理想情况下，你需要表3.4中显示的信息，即相对于对手，你的得分是怎样在每个采购标准上加权的。对这一类采购，他们最看重的是什么？相比与你实力最接近的对手，他们怎么给你评分？从表 3.4 中可以看出客户 YZA 给配送加权很高，如果在此方面击败对手，那么我们的竞争力优势会很明显；如果我们想要占更大的客户钱包份额，那么我们可以再改进其他因素。记住，每一个关键客户都会有不同的标准，因此，要对每一个关键客户做这种改进——一般由关键客户经理来完成。

第七步

现在，在图3.1的四框矩阵中为你的10个关键客户中的每一个找到交叉点。

第八步

现在，在方框中会有各种各样的点，每一个点代表一个关键客户。可以通过点的大小来反映这个关键客户目前在你的产品/服务系列上的相对开支的大小。

第九步

用四个方框中的指导原则为每一个关键客户设立目标与战略。麦克唐纳/罗杰斯关键客户管理战略规划矩阵象限的典型目标与战略见表3.5。

表 3.5 麦克唐纳/罗杰斯关键客户管理战略规划矩阵象限的典型目标与战略

客户类型	潜在目标	可能采用的战略	其他考虑因素
战略客户	稳定的未来发展计划与投资；维持或渐进性增加交易量与收入	当生意已经很好的时候，发展的唯一方式就是帮助客户发展。共享规划可以考虑引进新产品或者进入新市场的机会	要考虑这笔生意中存在的内在风险。它是否在你收入中占很大比例？你是否该给其他客户更多投资以使投资组合多元化
重要客户	维持目前的交易量、收入及盈利性	应该保护这些客户使其免受对手的冲击，但并非是不计代价这么做。关系发展仍旧很重要	就算供应商与客户在意图上有错位，这个问题也不经常出现
明星客户	买入客户的股份，但竞标投资时要有所选择	知道何时该投资一个明星客户确实很难，他们与另一个供应商相处愉快。接手那些现任供应商不愿做的小生意有助于积累客户份额	与客户保持联系，同时，等待现任供应商犯严重错误也是一个可行的战略
简单客户	将服务成本最小化，现金流最大化	通常客户会对标准产品及容易做的生意足够满意——通过电话客户管理，或者在门户网站订货	客户服务中心人员必须训练有素，以便能察觉客户购买活动的增长

资料源自伍德伯恩与麦克唐纳（2012）

如前面所讨论的，每个公司都会根据自己的目标与展望制定自己的关键客户选择体系，在此，一个富有经验的高级经理分享了他的一些想法，你们应该可以看出它们与本章讨论的过程是多么协调一致的。

> 许多公司选择关键客户的起始点是这个生意的价值，这是从已经获得的收入及销售额来判断的。虽然这种做法是可以理解的，甚至在一定程度上是不可避免的，但要建立并维持一个持久的、有利可图的关系，仅做到这点远远不够，还需要将其他标准包括在内：
>
> 潜在关键客户的宏观经济情况：从中长期来看，整体情况有利吗（从稳定与增长的角度来看）？
>
> 潜在客户对供应商提供的产品与服务有强烈的、长期的（理想地讲），而且是不断增长的需求吗？
>
> 对于交叉销售、追加销售的各种产品及服务有范围吗？
>
> 这个潜在关键客户稳定、成熟吗？有强烈的管控力，以及很好的声誉吗？
>
> 这个潜在关键客户的企业文化与供应商融洽吗？有共同的价值观与使命感吗？
>
> 两个公司的关键人员的个人关系牢固吗？或者能变得牢固而持久吗？
>
> 对大型跨国公司而言，潜在关键客户也许还需要立足全球，才能为长期盈利的关系提供相应的视野与规模。
>
> 潜在关键客户对供应商的看法也很重要。对于双方的关系以及相互视对方为战略性伙伴，两个公司需要有一定程度的默契，否则，不太可能建立稳固的关系。
>
> 最后，还需要有一个财务措施或者门槛来保证建立关键客户管理系统及基础设施所需要的投资。对全球关键客户，这个门槛可能会是一个有上

第三章 挑选合适的关键客户：针对低利润产品和不太盈利的客户，公司该如何做出选择？ 51

> 千万英镑的起点，以便为一个商业案例建立坚实的基础。
>
> 　　成熟的供应商公司通常会划分其客户群，以便能适当投资并集中资源，从而实现回报最大化。就客户管理而言，一个潜在的关键客户开始可能会以"目标客户"的身份生存。因为，除了金融门槛这一条，它们满足了上述大多数，或者所有的标准。"目标客户"越过那个金融门槛就会成为关键客户。通常，关键客户会保持其地位，除非它不再提供增长，而且，关键客户可能依旧还是一个实力不凡的客户，并且在很长时期内都维持这个现状，但增长很重要，如果没有增长，那么大多意味着，这个关键客户会降级为"末端客户"。若没有增长，则不可避免会导致公司收入的减少。如果这种情况继续下去，那么末端客户还会继续降级，这次就会降成一个"事务性客户"。随着生命周期的推移，该客户地位的下降相应地带来对其投资的减少、服务水平、响应力的降低。直到最后，公司会做出选择，是否还要继续为该客户服务。
>
> 西蒙·德比夏尔
凯捷管理顾问公司沙特阿拉伯分公司副总裁

　　注意，西蒙讨论了选择标准以及客户从目标客户上升为关键客户的过程。如图 3.2 中提到的一样，他也谈到了客户地位的降级问题。

▶ 退出的风险

　　所有公司都应该准备好管理从关键客户到非关键客户的过渡，并且控制关键客户变成竞争对手的风险。会发生这种情况的首要原因是供应商或者客户战略方向的改变，或者是一些"重大负面事件"（NCI）所致——我们肯定你能找到一个通俗词语来表达我们的意思！一个 NCI 就是当出现问题时……诸如：

◆对关键人员变更的处理不当（是指两个公司中的任何一个，或者是一个合伙人）。

◆违背诚信——答应了某件事，但又没有做到。这种背信行为可能来自双方中的任一方。

◆滥用权力——例如，客户要求过低的折扣。

◆自鸣得意。

◆公司之间的文化不协调（例如，对企业客户耍官僚作风，反之亦然。）

◆产品及服务存在质量问题。

◆财务问题（尤其是客户未能按时付款）。

◆要么是供应商，要么是客户失去了在本领域的地位。

密切的业务关系可能会有一个阴暗面。这也是为何为一个特殊的资源配置选择客户时，必须非常小心，以及为何要对关系质量进行密切监控并定期审查的原因。

> 所有公司都应该准备好管理从关键客户到非关键客户的过渡，并且控制关键客户变成竞争对手的风险。

▶ 正确选择的重要性

最终，除了数据，还需要对每一个客户有深入的了解。客观性很重要，但数据不是导向。只有当数据激发分析性及创造性思维时，才能产生新的方案。以下的例子阐述了你将遇到的更困难的案例。

◆ 案例研究 1

客户安斯沃斯与拜伯里公司是一家规模巨大的全球出版公司。该公司决定理顺其与各个纸张供应商的关系，只从其中选出两家给他们最低价格的供应商。

其中一个供应商（斯诺股份有限公司，以下简称"斯诺公司"）是市场上的大玩家，其在造纸厂有高昂的固定成本。他们不能丢掉安斯沃斯与拜伯里公司所代表的大宗纸产品交易量，因为他们的固定成本摆在那里，得分摊到众多更小的交易中，这使他们的产品没有竞争力。

因此，斯诺公司就进入了投标环节，他们甚至不惜将价格降低到荒唐的地步以便赢得合同。当他们赢得这个毫无吸引力的合同后，便坚持合同的条款，合同以外的任何东西都要收取额外的费用，并且将该客户的服务成本降到最低限度，而且，安斯沃斯与拜伯里也从战略性客户沦为介于重要客户与简单客户之间的客户。

该案例的意义在于，可能会有一个很大的重要客户，它并不能给你提供很大的利润增长潜力，但是又不得不保留。在这种情形下，降低服务成本是唯一的前进方式，接着就是积极尝试将客户投资组合多元化。当然，如果斯诺公司是一家服务公司，其大多数成本是可变的，即使将安斯沃斯与拜伯里公司拱手让给对手，他们也无所谓。

◆ 案例研究 2

维沃有限公司（以下简称"维沃公司"）曾有一个富有吸引力的大客户（菲德威尔克股份有限公司）在他们的产品类别上的年开支为3 200万英镑，而且这个预算还在逐年增长。维沃公司遇到的问题是，他们被菲德威尔克评价为是所有供应商里最差的供应商，因此，其在3 200万英镑

> 的开支中只占了极小的份额。这其中的原因是维沃公司的"系统"里显示菲德威尔克只是一个小客户,需要促进盈利最大化。如果对菲德威尔克做一个更广泛的潜力审核,那么就会令维沃公司认识到,他们早该对菲德威尔克投资了,以便能获得更大的客户开支份额。

只有将菲德威尔克与其他客户并置于战略规划矩阵中时,公司高管才意识到那个简单客户战略的反作用本质,于是将此战略调换到"明星"模式。

业务关系中的时间因素

在关键客户管理早期,研究者们热衷于观察业务关系如何随着时间的流逝而发展,但是,关键客户过去并不总是关键客户,将来也不会总是关键客户,记住这一点很重要。我们看过的一篇令人信服的、基于大样本的研究论文阐述,大多数业务关系在成长期是关系最好的时候。从采购者角度做的研究显示了对关键供应商过度投入的担忧,因此,一旦密切合作带来的计划中的好处没有了,就有可能发生关系下滑的情况(见图 3.2)。

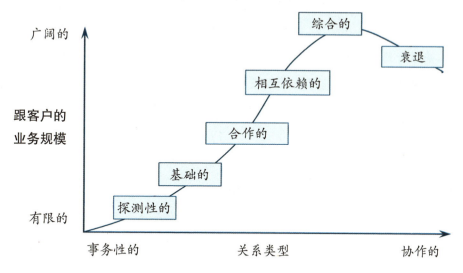

图 3.2 供应商 – 客户关系的生命周期

资料源自米尔曼与威尔逊(1995);乔朴与安德森(2007)

◆探测型关键客户管理是指一个客户已经被认作是潜在的关键客户,但两个公司之间的贸易仍旧有限。双方都在探测对方的能力。供应商正在积累自己作为竞争对手的潜在挑战者的声誉,竞争对手目前占据了客户在这一类别的产品/服务开销中的绝大部分份额。

◆基础型关键客户管理主要是事务性的，供应商需要证实自己的效率与可靠性。在这个阶段，价格常常是重要因素，而且供应商很可能只是众多公司中的一个。客户很容易退出关系，但也有机会通过展现一些诸如价格、质量及配送等核心标准上的可靠性来使业务增长。挑战者可能会因"易于做生意"而建立名声。

◆合作型关键客户管理是指双方关系发展的一个阶段。在此阶段，供应商是客户"优先"选择的少数几个供应商之一。虽然主要还是跟专业采购团队联系，但在供应商人事部与客户人事部之间有多个联络点。他们的信息共享有限，供应商还不完全为客户所信任。在这个阶段，供应商在寻求获得客户开支份额的交易中常常无利可图。理想地讲，关键客户经理渴望将关系推进到相互依赖的阶段。如果因为客户的采购方式而没有发生（见第四章），那么也许最好还是让关系再返回基础阶段，集中在至关重要的配送承诺上。管理合作型关系的成本应该受到密切监控。

◆相互依赖型关键客户管理反映了供应商与客户之间存在更密切的关系，而且双方都承认彼此对自己的战略重要性。该供应商甚至可能是某一特别种类产品或服务的唯一供应商。当然，双方会有很多信息共享，还会出现一定程度的公司之间的信任（尊重对方的品牌价值）以及联系人之间的信任（专业人员个人之间的相互尊敬）。另外，他们还会有共同的战略规划与极好的机会使业务增长。这样的关系很难发展，而且数量极少。

◆综合型关键客户管理指的是，在为双方创造价值的过程中，供应商与客户几乎作为一个组织来运转。双方关系处于这个阶段时，退出则变得很困难，甚至会带来伤害。双方跨部门的项目团队会致力于某个具体的项目，并且常使用透明的成本制度。这样的关系对彼此都大有好处，但很难发展。但联名的物流或者IT方案（如"内置英特尔"）并不少见，而且经常是出于为最终用户的利益考虑，供应链上的玩家才整合他们的产品研发与操作，而且整合后的关系也会引起争议，因为他们可能会被当成伪合资企业，这通常会招致严格的调查及股东的审查,而且,这种关系一旦在任何时候要被分解,风险与成本都是相当大的。

◆关键客户关系可能会随着供应商与客户之间共同的商业利益出现分歧而衰退,或者他们可能受到危机的影响——不论是经济衰退这样的外在危机,还是诸如牵涉其中一方的公共关系丑闻这样的内在危机。双方为关系衰退或危机情形而商定退出计划是审慎之举。

发展一段时间内的,及跨越这些类别的关键客户关系的理念在关键客户规划(将在第五章中讨论)中很有用。在此,它的重要性在于,一旦选择将练习做完,那么就会告诉你,跟某个特定的关键客户或者目标关键客户应该怎样发展关系。其无须站在那里静止不动等你分析。分析的主要目的是唤起那些其实并不是太关键的客户的意识,以及去找出那些失去机会的客户,然后,再让情况向好的方向发展。

> 在销售、客户管理,以及制定战略为打造与客户的牢固关系这些领域花费多年时间后,现在成为一名技术创新投资者,而且我渐渐能从另一面来看事情。我遇到过许多关键客户管理方面的糟糕事例。事实上,我所在的领域就有一些例子显示出销售部门自身的误区。要帮助初始创业的公司理解销售及关系管理是件难事。其中一个仍旧被误解的方面,就是创新并不会销售自己。它不仅需要以一个前瞻性的、积极的方式理解市场,而且还要理解创新为客户带来的价值。一项重大的技术成果常常被束之高阁,就是因为其在销售方面没有努力。
>
> 不仅是刚创业的公司难以理解如何打造业务关系,一些大公司似乎也陷入那种"讨好客户"的魔咒——换言之,"不管怎样,客户让做什么就做什么",并将此称作关键客户管理。这就使关系失衡,让客户具有更大权力。结果,供应商过度集中在服务少数几个关键客户,让他们

> 一直满意，而关键客户却将其选择对所有人敞开。如果出现问题关系结束了，那么供应商就会陷入严重的困境。当供应商与客户共同研发一个新产品时就建立协作关系，但真正的战略影响在他们共同努力将产品引入市场时才显现出来。这时，两个公司可以将更多精力集中在管理共同的未来，而不是管理对方上。即便在这时，还是需要关键客户经理努力维持成功。
>
> 安迪·普克特
> 创新英国公司的创新先锋

▶ 避免陷阱

有好几篇研究论文都将未能挑选出关键客户作为关键客户管理方案出现问题的首要原因。我们已经发现，以下各点是选择关键客户时最常见的缺陷（如图3.3所示）：

◆太多的关键客户在实践中是无法管理的，最终导致承诺的价值无法实现（服务太分散、稀疏）。

◆死抠字眼的客户名单——就只是"名单"而已，会导致缺乏任何战略指导作用，或没有任何区别。我们听说过那种仅以特定方式在专业销售人员中划分的客户投资组合。

◆选择本身的过程阻碍潜在的新的关键客户加入名单中。在实践中，这个问题可以通过评估待入选客户的资产来解决。评估工作每年至少进行一次，可以放在年度规划周期的起始点。

◆经常有各种原因导致的内部压力与政治压力将不合适的客户纳入关键客户名单中。最常见的原因有双方长期的贸易关系、客户在其领域的崇高地位，或者是因为某个特定的客户是某个高管的"宠儿"。

图 3.3　选择关键客户时最常见的缺陷

> 现实世界中,在我们计划实现志向高远的目标时,能摆脱这些不适宜的做法吗?我经常见到首席执行官和各个主管将一份关键客户名单强加给某个销售团队,他们孤注一掷地希望这个团队能实现承诺的结果(总归,他们就是这么做的,不是吗?)。
>
> 由制造业中某企业的一位关键客户经理撰写

然而,这其中最大的问题是,只是单纯基于客户目前的结果而不是将来的潜力,就将其列入关键客户名单。

关键客户的选择对整个关键客户管理方案的成功有极大的影响。各公司需要有合适的标准、合适的数据,以及做出正确决策的判断力。

终于……

现在,我们再返回去看吉尔·史密斯与芬斯伯格。当地政府的前景也许会提供一大块的生意,但他们的活动也有可能会被中央政府削减,而且他们对价格很敏感,因此,盈利的潜力实在有限。组织契合度将是有限的,因为芬斯伯格目前还没有公共部门领域的客户，因此，这可能会是一个不合适的客户，其服务成本将很高昂。在此情况下，建议"不参加投标"似乎是合理的，除非芬斯伯格正考虑在一个新领域增加产品的品种，并将其视为一个试点案例。

我们希望你已经成功地算出自己顶级客户的不同潜力。正确的选择具有不可思议的重要性。根据经验，各家公司在划分客户时力求做到客观，这样做的其中一个好处就是他们不用再为那些不想跟他们合作的客户浪费钱财。若避免这种浪费，则可以得到更多的时间与资源，用于那些真正的战略机会。

■ 思考

划出一些时间来进行本章概括的选择过程，并且结合一些实例来完成。如果信息缺失，那么看看是否能想办法获得。

第四章

理解采购决策:
专业采购人士如何评估购买类别与供应商

> 作为一个跨国公司的高层领导,我在欧洲电信拥有几乎 1 000 万欧元的采购权限。显然,对其在欧洲、中东和非洲区域的企业销售主管来说,我无疑是个重要人物,但是这点至关重要,即仅因为我而重要,并不意味着它对我也重要。我是从自己拥有 1 000 万欧元的开支经费这个角度来理解自己作为客户的重要性的,但为何我在市场上有 1 000 万欧元可花,就会让某个特定的销售人员对我而言比其他任何销售人员更重要,或者重要到我想要跟他们一起共度时光?
>
> 鲍勃·马奎尔
>
> 马奎尔艾斯德公司(MaguireIzatt)的采购顾问及合伙人

还是以一个现实世界中的案例研究开始本章。在本章末尾将会给出建议，以指导你前进的道路。

◆ **案例研究　品质股份有限公司**

十年前，品质股份有限公司（在全球范围内被称作"QG公司"）被一个大企业集团甩掉，但一家以前被称为ZLK的姐妹公司仍旧是它最重要的关键客户。由于曾同属一个集团，因此两家公司业务流程被整合，高层之间的关系也一直很融洽，直到后来海涅·施密特（ZLK的新采购经理）介入二者间的温馨关系。海涅采取了一种专业化模式来管理供应商，他决意要减少供应商基数，并确保让那些通过他的考验的供应商要么给出竞争性的价格，要么就随着ZLK一起革新未来的生产线。当然，那些雇用他的董事们认为他只会拿小供应商们开刀，但海涅知道，拥有太多"战略性供应商"（尤其是那些自命不凡的供应商）的代价很高昂。

海涅很快就从好几个地方听说了品质公司自命不凡的轶事——诸如对交易量的不精确的计算、价格过高而质量低劣的服务、分期交货、启用较低职位的员工当作客户经理等诸如此类的事情不胜枚举。他对这些事的处理很是小心谨慎。两家公司的总经理仍旧经常在一起打高尔夫球。海涅不赞成供应商与客户在一起吃吃喝喝。自己知道，他需要好好整顿品质股份有限公司，但同时，又不能让新老板为此感到心烦。

海涅决定给品质股份有限公司的销售总监打个电话，建议其开一个审核会，但是销售总监的个人助理将他推给了关键客户经理。海涅被激怒了。海涅叫手下积极肯干的年轻采购员去根据内部数据研究公司所有的明显弱点，并评估其两个主要竞争对手的产品。之后，他与该公司的关键客户经理交谈，并将所有证据一一摆在他面前。这个关键客户经理确实级别较低，因此无法回应，只能提出回到他的上司那里先商量，再看怎么办。"你去吧，"海涅说，"三天后若无回应，我就给你们的竞争对手打电话。"

客户权力

今天的客户为何如此强大？可以说，20世纪五六十年代的商业界相当自鸣得意。当时，市场一直在增长，而在一个成长型市场是很容易获得成功的。20世纪70年代，石油危机给市场以巨大冲击，信息技术在高速发展。到20世纪80年代中叶，贸易全球化为专业采购人士带来了全新的潜在货源，以及诸多大幅降低他们成本基数的机会。由于一个简单的原因，因此过去40多年来，采购已经从一个行政职能发展为战略职能。若你在采购上的开支是60%，利润是5%，如果你将采购开支降到55%，那么你的利润就可以提升到10%。采购上节约的成本将直接计入公司的净收入。

A.T.卡尼顾问在《2014年卓越的采购整体评估》研究中发现，那些在采购方面起引领作用的公司在降低成本方面的可量化收益是一般公司的两倍（布拉什科维奇、费勒与伊斯顿，2014）。卓越的采购必须通过对产品类别、供应商及采购团队的管理来实现公司的绩效。显然，随着采购者承担了新的战略采购任务，他们必须既要管理风险，又要管理成本，而且，还需要能陪伴他们一路前行的供应商。

事实上，采购决策者们一直在要求那种几十年前的简单销售模式进行转变。他们想要讨论他们的财务、业务流程、组织机构以及公司文化。另外，他们还想让供应商能为他们带来竞争性优势，而不仅是产品。

许多产业有一种发展趋势，就是只有少量的全球领导者。"二级"企业很难与其竞争，因为他们的经济规模及业务范围实在有限。这样产生的结果就是，供应商与客户之间的权力大大失衡，客户掌握了更大的权力，因此，了解客户如何采购以及其看重什么是十分重要的。

界定客户

> 关键客户经理从客户以及自己的角度看待和理解世界能力的高低，对能否建立一个真正可持续的，并能创造价值的关系极其重要。
>
> 达伦·贝利
> 登士柏西诺德公司商务总监

理解谁是客户很重要。以下对话的例子是有关客户的定义：

"那么，我们谈的是哪个关键客户？"
"萨帕塔。"
"所有产品？"
"是的。"
"包括纸巾、尿片、防护服、卫浴产品、泌尿失禁护理用品？"
"不，只是泌尿失禁护理用品。"
"那么，就是萨帕塔泌尿失禁护理用品类的所有产品，全世界的？"
"不，我们只做欧洲的。"停顿。"嗯，就是西欧的几个国家。"
"那样的话，萨帕塔在我们产品类别上的开支比例是多少？"
"对不起，我什么也不知道。"

若你所在的全球公司的业务范围越小，则其遭遇退市风险的概率就越大。

图4.1所示为界定客户的"钱包"，其说明了供应商对自己的权力常有的误解。这显示，他们错误地认为他们100%地用完了客户钱包里的钱。而实际

上，客户会从不同角度来看供应商，而且很清楚，这个特定的供应商只用了钱包里 17% 的金额，或者，最多也就是 29% 的金额。供应商本应该让他们的营销部门去发掘能充分揭示有关客户某类产品购买潜力的信息。

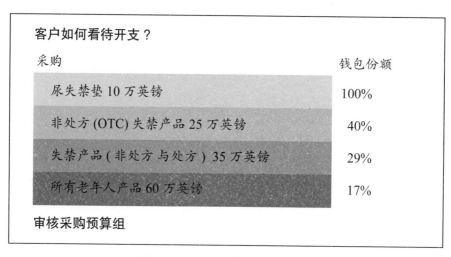

图 4.1　界定客户的"钱包"

资料源自 M. 麦克唐纳在克兰菲尔德大学管理学院的教学资料

一些供应商与客户的交易方式非常复杂。在过去的 20 多年里，有组团集中采购的趋势，一些供应商则成立一个集中的全球客户部来应对。显然，如果供应商仍旧实行分散销售模式，那么客户进行集中采购时，就能增强自己的权力。对于向大公司销售的小公司而言，集中采购可能是一个优势，因为获得任何一笔生意都意味着跨越大公司的许多部门与地域而随着客户成长，然而，你可能对远程代理商失控，现金流拉得太长。若公司能应付这些情况，则才谈得上成长。

"买家"概念也具有误导性。我们会讨论专业采购人员，因为他们极其重要，而且他们经常是那些最后拍板的人。尽管如此，专业采购人员或者如我们所谓的"买家"，受到的训练是，他们应该考虑公司里一些人的意见，就是那些要么使用采购来的产品或服务的人，要么受到其影响的人。关键客户经理无论如何不要试图绕过采购人员（如图 4.2 所示）。

图 4.2　关键客户经理不能绕过采购人员

　　作为一个前采购经理，我可以确定，采购经理很鄙视关键客户经理故意将他们排除在外或者忽略他们的做法。这也是公司内部关系紧张的源头，因为许多经理希望能不受采购部门的约束或者干涉，就能接洽那些他们想与之合作的人。这显然削弱了采购的职能，并破坏了公司的采购政策与流程。对关键客户经理拓宽他们关系网的企图，采购部的反应包括采用数字化及 IT 系统，以使供应商近在咫尺，从而断绝他们面对面接触的机会，并再次使他们受到商品化与基于价格的套利的影响，而关键客户经理则反过来通过社交及数字媒体报复——于是，这样的循环就周而复始地继续下去了。

　　然而，有一个更开明的观点认识到客户与供应商之间的象征性关系。在这样的关系中，采购经理与关键客户经理的作用以及他们之间的关系极其重要，不仅是对关系的运行，而且还是对他们各自的业务都很重要。在这种情况下，采购经理看到的情况更全面。采购经理明白，他们能给

> 自己的机构增加的真正价值来自与战略供应商的深度融合,以及创造出供需间的最优匹配。
>
> 西蒙·德比夏尔
> 凯捷管理顾问公司沙特阿拉伯分公司副总裁

分析采购过程中决策单元的介入程度(示例)如表4.1所示,其揭示了一个永久方法来理解谁是其他影响者。在图左下方,是备受推崇的10步过程,许多公司在购买昂贵的货物及服务时都会经历这个过程。如果这是一个调整再购,或者是一个直接再购,那么步骤将更简化一些。

然而,表4.1真正有趣的是那个可能受到某个特定采购影响的人员或者部门的列表。这一群人常被称为决策单元(DMU),但他们表现得确实不像是一个单一的单元而是像一群有不同需求及期望的股东。例如,产品与服务的使用者显然渴望能确保所购买的产品最适合他们的需求。与此同时,会计们可能对节约成本或者成本规避更感兴趣。注意,表4.1中引入了一个第三方专家来帮助采购。一些公司将所有采购职能都外包出去了。

决策单元可能考虑到的购买标准类别都列在了表4.1的底部。当然,这种信息很难获取。有时,采购经理会分享这个信息;有时,则需要严密地搜索公司网站以及领英网站来获取公司结构图以及公司的任职者。如果你的关键客户是些小客户,那么也不要想当然地假设那个经营生意的企业家是唯一的决策者。他或者她也许在当地银行有一个可信赖的顾问,也许还会咨询他们的家人以及任何一个核心员工。

本书的作者们为澳大利亚一家零部件制造商举办过一个销售研讨会。在研讨会中,关于决策单元的话题得到深入讨论。该公司曾向一家日本汽车制造商投标一项价值数百万美元的交易,但没有成功。他们承认自己只设法搞到身居要职的人的30%的正确资料,因此,他们同意,今后应该为所有的大型销售做这样的分析。

表 4.1 分析采购过程中决策单元的介入程度（示例）

合同的联系方式：莎莉·斯通

采购的产品/服务：机床 = 米庞特工程公司

采购分析

采购过程阶段	财务	采购	终端用户群	运行	健康安全	外界顾问
决策单元						
需求鉴别		莎莉·斯通	乔·史密斯	詹妮·弗莱彻		约瑟
需求限制		扬·韦茨	乔·史密斯			约瑟·加西亚
详细说明		杰斯·李	马哈穆德·阿里		本·格雷姆医生	约瑟·加西亚
供应商调查		扬·韦茨				
供应商资格		扬·韦茨				约瑟·加西亚
准备投标文件	西奥·帕帕斯	扬·韦茨		詹妮·弗莱彻	本·格雷姆医生	约瑟·加西亚
提案评估	西奥·帕帕斯	扬·韦茨				
价钱谈判	西奥·帕帕斯	裴·克莱因/扬·韦茨				律师：布里尔与支尔德
与选定供应商签订合同		扬·韦茨	乔·史密斯	詹妮·弗莱彻	本·格雷姆医生	
执行情况监督						

说明：

决策考虑事项：购置成本、支付条款、风险管理、机器的可靠性、服务担保、技术、公司声誉、合伙人、联合投资基金、客户参考

资料源自马尔科姆·麦克唐纳的咨询材料

认定了相关的影响者及其需求后，潜在供应商应该确保他们能在合适的时间找到关键人士的合适材料。采购部常会制造麻烦，不让供应商直接去找决策单元的人，但在现今世界中，社交媒体盛行，公司没必要对非正式的接触交往过于紧张。如果做得妥当，那么销售人员可以要求介绍自己认识那些能够向他们解释其需求的人。这样，他们就可以为其提供更好的方案了。当然，否认建立关系可能会适得其反，尤其当这种行为与主流文化相悖时。

> 一些西方的关键客户似乎借助禁止供应商过多接触关键客户的高管来强化中国供应商的不确定感。这也许是一个战略措施，也就是一种让供应商时常有危机感的方式，他们怕失去合同，因此不得不屈从一些要求……但这种阻断关系获得的好处也许不会长久……
>
> 人们预期中国供应商可能会选择将相当部分的生产力用于升级中国品牌，或者用于满足越来越多的来自韩国、新加坡等国的东方关键客户。
>
> 墨菲与李

▶ 信息要素

近来，有人认为，等到买家去接洽可能的供应商时，销售的过程其实已经完成了2/3，这时若再问存在的问题与需求就为时已晚了，但就像许多都市神话一样，这件事不能仅凭表象判断。我们知道，大多数消费者确实在采购之前会上网搜索有关信息，专业买家事实上也会这样做。在开始接洽一个潜在供应商之前，他们（或者是一个低级别的同事）已经搜索浏览过那家公司的网站、行业协会的网站、网上交易市场、社交媒体，或者用搜索引擎发掘各种关于该公司绩效的信息，以降低采购中内在的"不确定因素"风险。他们想知道供应商提供的方案的使用价值，以及做他们的客户感觉如何。这也是供应商常有一个优势，因为这种信息通常只有购买并使用了某个产品或服务后才能获得。

客户经理需要其营销部门的同事从网上各个角落获取有关该公司的优势的信息，他们会浏览网上交易市场、线上贸易展览、涉及商务的社交媒体、产业讨论群，以及公司的网站。例如，有哪家供应商敢忽视苹果门网站（Applegate）[1]？这是个工程买家的首选目标，它的旗下有400 000多供应商，而且近年来还与英国采购供应特许协会（CIPS）合伙（多纳蒂，2015）。博客也是重要的线上内容。若没有这些信息，则客户经理会很难与买家建立早期的可信度，而且，信息应该易于获取及评估。如果网站速度缓慢而且没有很好的导航，那么匆忙的采购者不会在此逗留。

我们知道，采购决策者们会向同事、同行采购者，以及其他网络上的熟人询问某个潜在供应商的能力。正是因为个人推荐的可信度，"净推荐值"[2] (NPS) 作为衡量一个公司成功与否的指数才得以提升。净推荐值的设计者弗雷德里克·雷奇汉称，这是你投资给一个公司前应该知道的一个数字（雷奇汉与马基，2011）。这个数字告诉可以说明，客户中有多少人愿意向熟人推荐他们，有多少人不愿意推荐他们。许多商业及消费行业的公司经常去做调查，以了解客户是否愿意推荐他们。谁愿意得到一个负的NPS？如果客户感觉你只是做了分内应做的一丁点来避免违约处罚，那么满足"服务水平协议"的标准就毫无意义。名义上你尽了力，但在客户心中，你却破坏了契约精神。

---

[1] 英国著名B2B平台和商业目录。
[2] 指一种计量某个客户将会向其他人推荐某个企业或服务的可能性指数。

价格与价值

专业的买家不仅只是决策单元的一部分,他们通常会驱动决策单元。从20世纪80年代以来,专业采购人员受到的培训促使他们审查购置总成本(表4.2)以及他们采购过程的整个价值链。他们只有兴趣购买能帮助公司降低或规避成本,或者能让公司为自己的客户提供的产品增加价值的产品与服务,然而,没有什么事情像表面看起来那样简单。

在表4.2中,一个价格是另一个两倍的小部件可能在其使用期限内会带来更低的使用价值成本。基于此证据,我们预期价格更高的部件可能会受到青睐。

有证据表明,一些专业采购人员采购时关注的还是降价。最近的研究(西斯平与席勒,2015)揭示,即使是关注附加价值,采购者们偶尔还是会对供应

表4.2 审核购置总成本

每个部件/美元	购置总成本	
	公司1	公司2
80	破损	
70	停工期	
60	处理成本	
50	维护成本	处理成本
40		维护成本
30	润滑油成本	润滑油成本
20		价格
10	价格	

资料源自斯内尔格罗夫(2012)

商采用事务性处理策略。当发生这种情况时，供应商要心里有数，将讨论拉回到长期价值的轨道上。在日内瓦召开的一次专业买家会议上，我们证实，与为了降价而支付相比，不足 50% 的与会者是因为买家要帮助公司获取附加价值才收到付款，然而，将出现的更鼓舞人心的事却是，大多数人号称他们将会更青睐依据使用价值选择的购买方式。

> 价格一贯很重要，因此，关于价格的讨论决不会停止。毕竟，这是客户让供应商做出牺牲以增加自己利润的最简单的方式。采购者会提出问题，许多专业销售人员似乎下意识地就觉得自己受到了挑衅，因此而进入谈判模式，而实际上根本就没有人挑衅他们。在职业生涯的早期，有人告诉我，一个销售人员的工具盒里最重要的工具就是"不"字。
>
> **来自一位经验丰富的关键客户经理**

只根据价格采购的灾难性后果可以在许多政府的大合同中看见，它们大多都成了灾难，接下来又耗费了纳税人大笔钱财。

价格驱动的采购对客户经理们而言是个好消息，但前提是，他们知道客户的详细情况，诸如他们的部门、运营、客户及其他股东的情况。另外还有，他们将要实现什么目的，否则，很难以专业采购者们感兴趣的价钱表达价值。首先，了解采购者目前如何为你提供的产品类别的价值分类至关重要。

采购者矩阵

专业采购人员最初只是关注直接材料与部件,但现在他们的业务范围已经延伸到公司预算的各个方面,从差旅到文具,到 IT 软件,到专业服务,无所不包。

随着采购范围的拓展延伸,公司对人员与系统会有巨大的投资。现代专业采购人员位于信息网络的中心,几乎可以无限制地接触到供应商与价格。

矛盾的是,他们对供应商的价格及供应商市场的了解经常远胜过他们对自己业务的了解。很多时候,关于购置总成本、停工期、破损、客户质保期索赔、潜在的声誉损害等信息很难获得并量化。一个出色的客户经理对其产品优势或服务优势了解得甚至比采购主管都更清楚。这种情况并不少见。说实在的,你可能会期待并希望情况是这样的。

这就使销售团体陷入两难的困境。对此,乔治·阿克洛夫[1]在其获得诺贝尔奖的论文《柠檬市场:质量的不确定性与市场机制》(阿克洛夫,1970)中进行了描述。阿克洛夫证明,在一个采购决策中,如果采购者没有足够知识来量化并精确地评估一项昂贵的采购产品或服务的附加价值,那么采购者为了降低多花冤枉钱的风险就会基于以下这个前提而采购,即要做的最保险的事情就是假定所有产品都或多或少是一样的,因此,审慎的采购者就会以市场平均价格或更低的价格购买产品,而

---

[1] 生于美国康乃迪克州纽黑文市,美国经济学家,柏克莱加州大学经济学教授。2001 年,他与迈克尔·斯彭斯、约瑟夫·斯蒂格利茨一起获得了诺贝尔经济学奖。

> 不是冒险买回无法证实或者获得的东西。高端供应商们渐渐明白了他们无法与他人竞争，于是，他们要么减少产品，要么退出市场来应对此局面。最终受损的是买方，因为他们获得的是虽然更便宜，但却劣质的产品或者服务。于是创新慢慢消亡。
>
> 因此，现代关键客户经理的作用就在于此——不是向采购者销售产品或者服务，而是告知并教导他们，直到他们成为聪明的价值采购者，而不是一个只会比较价格的经理。
>
> 关于类似产品的价格，现代采购者有海量的信息，而且所有资料都显示这些产品的质量足够好，然而，关于这些产品确实会产生那些好处的信息却如此少，那么，他们为何要冒险多掏钱？他们还希望能占到大便宜呢！关键客户经理需要帮助采购者理解并信任昂贵采购产生的积极结果，以化解采购决策中可能存在的风险。
>
> 鲍勃·马奎尔
马奎尔艾斯德公司的采购顾问与合伙人

正如供应商的业务拓展人员用分析与矩阵来判断客户的相对吸引力一样，采购行业也可去做同样的事情，这无可厚非。1983年，彼得·卡拉杰克设计了一个战略采购矩阵（图4.3），以应对人们对全球化给供应链带来越来越多风险的担忧。这个矩阵或者是它的变体，被世界各地的采购部门广泛应用于类别管理，并且，它出现于《哈佛商业评论》上的一篇文章被引用2 000多次。

卡拉杰克认定了四种采购类型，需要采用各不相同的购买方式。采购类型管理矩阵见表4.3。

◆如果利润影响与采购风险都比较大，那么采购者则愿意与最佳的供应商合伙，他们将其视为采购战略的核心。

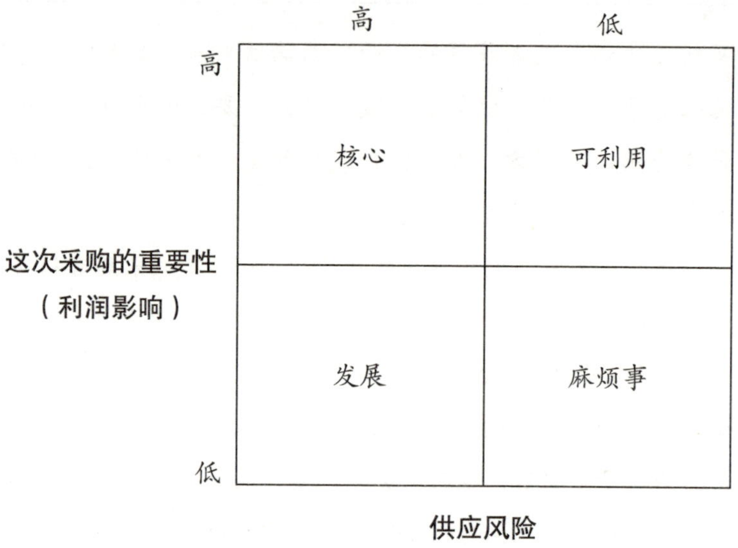

```
                    高              低
         高  ┌──────────┬──────────┐
            │          │          │
            │   核心   │  可利用  │
            │          │          │
这次采购的重要性├──────────┼──────────┤
 （利润影响）│          │          │
            │   发展   │  麻烦事  │
            │          │          │
         低  └──────────┴──────────┘
                      供应风险
```

图 4.3 战略采购矩阵

资料源自卡拉杰克 (1983)

◆如果利润影响较小但存在供应风险，那么明智的做法是确保正常供应量，同时，等待供应商市场改进的条件。供应商可能会发展，但如果产品分化受到挑战（例如，一项专利到期），那么他们也可能会被取代。

◆如果利润影响大，但供应风险低，而且有许多供应商提供类似产品，那么采购者会认为供应商是可利用的，他们可以讨价还价。

◆如果利润影响与供应风险都小，那么可以进行短期交易，但采购过程会被视为一件麻烦事。

表 4.3 采购类型管理矩阵

类型种类	潜在目标	可能采用的战略	其他考虑事项
核心型	确保未来的发展项目与投资；精确的需求预测；与最佳供应商保持现有交易量或渐进增长的交易量	共享战略规划可以确保供应，可以考虑与供应商一起引入创新思维协同设计的机会	考虑与最佳供应商绑在一起产生的风险；管理风险或者制定出退出的应变计划

续表

类型种类	潜在目标	可能采用的战略	其他考虑事项
发展型	确保目前的供应量。寻找方法降低供应风险	提供大宗交易以换取降价。审查要求是否正当，是否能规范化。考虑将一些风险转移给供应商。例如，在用产品的服务化	需要不断监控供应风险变化、新的货源或者可替代货源
可利用型	让供应商们内斗，以便获取最佳待遇	为节约交易成本，一些价格优势可以用来换取长期合同或者是一段时期内有利的支付方案。用伙伴关系奖励高效的供应商	了解供应商的新发展，尤其是将这一种类型去商品化的发展
麻烦型	将交易成本最小化；让现金流最大化	只要有可能，就应实施电子采购与自动化。为实现高效的物流，将副产品类别捆绑在一起	考虑外包或者让供应商来管理这个烦人的采购流程

资料源自盖德曼与韦勒（2002）

卡拉杰克矩阵的更多使用细节见参考文献列表中的盖德曼与韦勒(2002)。

正如上文提到的那样，应用最普遍的分析工具分析后，人们发现，一项采购是否重要或有风险的标准在公司之间各不相同，这取决于他们所属的部门、公司规模有多大以及在什么时间范围内要达到什么目的。

▶ 应对你的分类

供应商必须先领会采购者目前将他们划分在哪个类别，才能让他们销售的产品看起来更有价值。采购经理是因为要促使价格客观公平而受雇，他们会因为降低采购成本而受到奖励。对于将采购外包给一个采购顾问的公司，情况就更是如此。

在卡拉杰克矩阵中，横轴讨论了供应风险。这是买家必须要管理的事情，他们极其清楚经济与技术风险，而且他们也了解职业与个人风险。谁想做一个因一项采购而毁掉整个公司的买家？在做决策改变某个事物时，企业家们也许有方法应对一些可承受的损失风险。采购经理用的是公司的钱，即使有门槛，他可承受的损失门槛也是很低的。

核心采购

具有核心价值的战略供应商对采购经理极其重要，但他们的数量很少。研究结果告诉我们，买家未必喜欢跟任何一个供应商长期捆绑在一起，因此他们选择可信任的伙伴时极其慎重，然而，那些对客户的业务及其所面临的问题很了解，并且能基于客户的需求制定金融上可量化的价值主张的供应商，才能事业兴旺，并创造出可持续发展的股东价值。

有一些方法可以应对采购矩阵中的其他采购类型。

发展型采购

如果提供的产品利润影响较小，同时还存在供应风险，而你又期待买家对你的产品产生兴趣，那么，必须提高产品的利润影响，也许可以将它与互补的产品捆绑在一起，或者可以增加重要的服务要素，以使客户将一些风险转移给你。

可利用型采购

如果你的产品有较高的利润影响，但是有一些小的供应风险（可以利用的），那么，你就准备好受人挑拨去跟竞争者内斗，尤其是在价格上内耗。你需要展现某个创新性的不同点以便获得客户的优先考虑，但那可以是创新的支付条款，或者是流程效率。

麻烦型采购

举个例子,你是文具供应商或者是清洁产品供应商。如果你的产品被列为"麻烦型",那么你还有希望吗?研究显示,如果你想获得一些优先权,那么就让客户跟你做生意易如反掌。一个使用方便的门户网站、电子监控的公司使用规律来提示补充储备、解释数据来为公司减少纸张及清洁用品的使用以减少碳排放量——这些都会吸引繁忙的买家。

绩效监控

许多关键客户经理不是在销售新业务，而是利用现存关系管理客户。为了持续带给采购决策者们有趣的想法，监控客户商务环境的各个方面及客户需求仍旧很重要。任何采购部门都会做一个供应商比较。除上述提到的所有情况外，关键客户经理还需要知道在采购经理桌面上的绩效对比表中可能会出现什么情况。绩效比较示例见表 4.4。

表 4.4 中可以看出，虽然我们有总体优势，但麻烦就出现在细节上。关系质量为何如此低下？想一想本章开头的品质公司的案例——销售总监什么时候才拿起电话的？能在竞争中保护我们的是在"做生意的便利度"上得高分，以及竞争者不能按时配送。如果他们解决了这些问题，那么会发生什么情况？

在任何对客户而言重要的因素上没有卓越的表现，都会产生致命影响。质疑客户的评分也是致命的。虽然供应商拿出大量数据来证实他们满足了服务水平协议上的条款（SLA），但还是有无数的信息技术合同都失败了。正是因为他们的设备用户没有感觉到"服务水平协议"的精神得到遵守。供应商退出的原因包括自鸣得意、沟通障碍、关键客户的改变、背信弃义，以及未能及时提供新方案。

表 4.4 绩效比较示例

成功因素	权重	你的得分	你加权的得分	主要对的得分	主要对手加权后的得分
价格	10	3	30	6	60
配送	10	8	80	4	40
可靠性	10	8	80	8	80

续表

成功因素	权重	你的得分	你加权的得分	主要对的得分	主要对手加权后的得分
便利度	20	8	160	5	100
关系质量	10	3	30	6	60
创新性	20	5	100	3	60
产品使用价值	20	8	160	8	160
	100		640		560

资料源自麦克唐纳与罗杰斯（1998）

回过头再看看品质公司的案例。我们可以看出，客户的业务被想当然地对待。也许对品质公司而言，ZLK 不再具有战略利益，即使终止合同，对他们也无所谓，但更有可能的是，关键客户经理要努力使关系复原，以打败竞争对手。他或者她将需要得到所有能找到的信息与分析，以开始这个过程。

那么，品质股份有限公司那个倒霉的关键客户经理准备为海涅做些什么？他也许已经看过本章并且知道有多少人可能会对品质股份有限公司的产品/服务类别感兴趣。他也许已经得出结论——哦，天哪，也许品质股份有限公司是在海涅的"可利用型"类别那个方框里。首先，他需要迅速跟品质股份有限公司的高管建立一个平台并寻求他们的支持。其次，他需要找到他的关键客户团队来了解他们是如何解释对关系的需求的。可能需要重新探讨海涅的公司所强调的失误，也许还能因为 ZLK 要求为过去的错误而得到经济补偿。最重要的是，他要让同事们出谋划策来吸引以价值为导向的采购经理，而且还要让他们算出估价来。这将会是极其疯狂的三天。另一个选择风险更高。即使总监们在一起打高尔夫球，也无法阻止品质股份有限公司与其对手之间进行一次全面的市场检测比拼。

结语

本章讨论了采购的性质。对此,许多关键客户经理都不太了解。我们希望你已经能设身处地为客户着想过,并就他们如何看待你这个供应商发现些有趣的想法。第五章将揭示如何分析关键客户的需求。更重要的是,我们要解释如何制定在金融上可以量化的价值主张。

思考

在关键客户中找出对你的产品/服务感兴趣的所有职员。在公司里谁是他们的联系人?那个联系人是否属于关键客户团队?那个联系人是否至少应该在你的通讯列表上?

去找你们公司的采购部经理谈一谈,了解一下他/她是如何做事情的?如果他或者她从你的关键客户那里找到一份工作,那么他会告诉你当前的客户形势吗?

第五章

关键客户规划：

如何分析关键客户的需要并且制定有价值的规划

> 按照惯例，只要供应商开发了新产品及服务，就要部署销售力量。在复杂的服务产品中，甚至在解决方案产生之前，销售力量就应到位。客户可能会要求公司派专业销售人员去与其接洽，共同创建服务方案。之后，再运用协调的交互能力联络供应商公司各部门将此方案实施。
>
> 马科斯 - 奎瓦斯 等人（2016:106）

前几章介绍过，在过去 30 年里，采购业已经在复杂多变的形势中大步前进而且也理解在这一行业为何不赞赏过于简单的销售模式。产品推送令购买者特别厌烦，因为他们已经进行过广泛搜索来寻求问题的解决方案，并且对于要跟什么样的供应商做交易，心里已经有了想法，因此，今天的采购者要求供应商有一个更加复杂精细的销售模式。关键客户经理需要具备一些战略技巧。有几项检验关键客户管理项目绩效的研究强调了关键客户规划的重要性，而且这些规划要能够反映出公司具有为关键客户创造价值的能力。

先看一个案例研究以阐明本章主题。这次，我们会在规划的每一步都追踪该案例。

◆ **案例研究　为 HGD 公共有限公司做规划**

对于像美味馅饼有限责任公司（Tasty Pies Ltd）这样的食品类中等规模公司来说，获得一个大零售商的关注极其困难。一旦建立起合理的关系，创新及流程整合就变得势在必行了，因为总有人能给出更优惠的价格将你挤下货架，然而，大零售商都是客户洞察的追随者。他们知道自己也易于受到伤害，因为消费者正将他们的许多采购活动转移到网上进行，甚至在主要的商业大街上，新的零售模式也正在挤占传统商家们的市场，因此，供应商如果能帮零售商将货架上每一分每一寸的货物实现最大回报，那么就很有可能会赢得长期的合约。要注意的是，HGD 公共有限公司显然不是一家从事不法零售行为的超市，从不会拖延半年才付款或者做出索要回扣这样的勾当，但是，该公司却为其市场份额以及可持续盈利感到焦虑不安，因此，HGD 公共有限公司不会给美味馅饼货架空间，除非他们能帮助公司解除以上焦虑。

▶ 为什么要做规划？

拳王麦克·泰森被指曾经说过这样的话："在你中拳挨打之前，每个人都曾做过计划[1]"。法国化学家路易·巴斯德有另一个不同的观点，反正人们将此观点归结于他，即机会总是青睐有准备的人。没有人会不先找出护照、整理好合适的衣服、检查好行程安排，就慌慌张张地开始为期两周的度假，然而，在拜访客户之前，更别说让他们详细陈述长期的价值让渡之前，客户经理所做的分析工作是远远不够的。本书作者认识一位高级专业销售人员，他在拜访客户前甚至都不到客户的网站上看一看，当他为此受到质疑时才大吃一惊。"能说会道"已经无法打动 21 世纪的采购决策者了。

专业采购人士反复抱怨供应商派来与他们就价值谈判的人员缺乏素质，其中出现频率最多的抱怨就是他们不懂对方的业务。这似乎是显而易见的，即供应商对真正的关键客户需要有深入的了解，对主要客户及一些有发展潜力的中间层客户做过一些了解也还说得过去。事务性的业务只需要根据大市场做出规范的出价即可，然而，我们观察到，一些小公司会注意其门户网站上的有吸引力的品牌购买行为，之后，他们会想着与这些采购者联系以检验其更多采购活动的潜力。在进行这种联系之前应该先进行一些调查研究。

> 看起来，独特的关键客户规划在促进客户满意度方面特别重要。
>
> 戴维斯与瑞尔斯（2014:1191）

---

[1] 这句话的潜意思是时机瞬息万变，做计划也没有用。

开始规划

通常，一份关键客户规划摘要页（图5.1）总会清晰地显示出该客户的重要性、关系质量及未来要实现的愿望。

HGD是一家有高增长率的老客户。虽然人们预期增长水平会在一段时间内下降，但在高增长期内扩大客户份额以实现该业务关系的潜力最大化至关重要。这种情形也许算是有可能转为"关键"客户的"主要客户"，肯定值得花费时间与资源做一个详细的关键客户规划。

那么，该为此做些什么？完成这个作业的资源来自何方？完全可以分配下属一些任务去获取有关客户的商业环境以及近况的信息。现代技术使许多事情都成为可能，拥有能"抓取"该客户相关信息的互联网软件，再加上客户分析，可以提供大量相关格式的原始资料。随着物联网的建立，运营部门也可以发挥作用，因为嵌在产品内的传感器可以在出现问题需要介入时给客户、工程师，或者客户经理发送提示。

尽管如此，关键客户经理还是必须要了解关键客户，而不仅仅只是介绍别人制造出来的产品，因此，他们必须在为关键客户解读规划信息方面起到非常积极的作用，这一点极其重要。

第五章 关键客户规划：如何分析关键客户的需要并且制定有价值的规划

为客户 HGD 公司做的三年规划			
领域：食品零售			
过去一年的业务量：25 万英镑			
截止到计划期末的年业务量：80 万英镑			
目前状况		规划状况	
关系质量	合作型	关系质量	相互依赖型
客户份额	25%	客户份额	65%
客户增长率	10% 每年	客户增长率	4% 每年
合同期限	3 年	合同期限	7 年
利润率	15%	利润率	15%
联络图	16 个人脉	联络图	35 个人脉
简述在此期间要与客户共同创造的价值：			
该规划为何会成功？			
客户规划制定人：哈里·奎恩		日期：	

图 5.1　关键客户规划摘要页

资料源自 B. 罗杰斯在朴次茅斯商学院的教学材料

对关键客户的深入分析

机会与风险的来源

关键客户经理被认为是"边界人员",他们可以从客户的视角看事情。为了确保规划是基于深思熟虑的结果,关键客户规划必须从客户视角开始。在他们的商务环境里正在发生什么事情?改变正是发生在这个商务环境中。当客户不得不做出改变时,需要评估哪一些供应商能帮助他们一起致力于改变。

当然,我们可以拼凑出一个强弱机危综合分析矩阵(SWOT),但如果没有真正分析客户的优势、劣势、机会与风险是什么(以及它们来自哪里),那么只要他们一开始就此提问,就会发觉这个计划有多么肤浅。

我们会汇编一个扩充版的SWOT矩阵,这将为一些深刻思考提供更多见地。首先,要记住,机会与风险只来自外部环境——客户公司运转的商务环境,以及他们所属领域内部的因素,如见图5.2所示。

许多读者已经见过那些一开始就列着一长串因素的规划,这些因素影响生命、宇宙及一切,但是,关键客户规划显然应该只强调与客户尤其相关的因素。虽然如此,但是在规划的开始阶段,我们不应该过于限制自己的思维,否则,一些有趣的因素可能会被遗漏。例如,高等教育政策似乎并不直接关乎食品零售,但若提高学生的各种费用,则会导致更多的年轻人在上大学期间待在家里。这就意味着,对许多父母而言,"家庭店铺"的存在周期延长了。开始时,要创造性地思考;之后,再以现实情况来核查各种可能性。

规划中要用到的因素必须是有文献加以证实过的。大多数公司在此过程中会用到首字母缩略词。例如,为人熟知的PESTEL/STEEPL就是由政治的、经济的、社会的、技术的、环境的,与法律的这几个词的英文首写字母缩略而

图 5.2　影响客户商务的外部因素

资料源自 B. 罗杰斯在朴次茅斯商学院的教学材料

成。将此缩略词压缩成 PEST。由于大多数立法来源于政策,而且大部分有关环境的政策又会影响政治、经济及社会变化(表 5.1),因此,如果该客户属于农业部门或者属于时尚零售部门,又得重新考虑,因为这些领域可能会直接受到天气模式的影响,但我们还是继续讨论那个快速发展的食品零售商案例吧。

在此阶段,你可能会觉得很难判断一个 PEST 因素到底是机会还是风险。从一定程度上讲,所有变化都存在一定风险,你需要判断的是,这种变化是否会受到一般零售商的欢迎。这种情况下,风险是否会转化为机会。例如,如果你可以凭借透明的、高质量的供应链使自己从竞争者中脱颖而出,那么,有关供应链上的欺诈的立法对你来说就不是问题。等我们谈到扩充版 SWOT 矩阵时,会仔细审查这些细微差别。

分析影响客户的潜在机会与风险时,下一个阶段要做的就是仔细观察他们所在的产业部门。20 世纪 80 年代,哈佛战略家迈克尔·波特为一个产业部门设计了一个评估潜在利润的技巧。他将其称为五个力量,如图 5.3 所示。

用一个简化版的图来说明食品零售,如图 5.4 所示。

表 5.1 运用 PEST 制定的关键客户规划

	HGD 公司的商务环境			
	食品消费相关性	与 HGD 的关联	对今后三年的影响程度	机会还是风险？
因素：政治的				
应对食品产业供应链中的欺诈的措施	消费者对包装食品的信心，例如，羔羊肉真的是羔羊肉	需要控制供应链的可见度	高	风险
立法保护城中心及当地市场方式的变化	促进直接访问本地食品供应商的渠道	更多争取开新店铺的竞争	中等	风险
因素：经济的				
可能发生的从食品紧缩到通胀的变化	食品价格的上涨要求改变消费习惯	可能需要改变分类与价格促销	高	机会
社会的				
人口中单身老人的比例越来越大	越来越多群体需要轻便包装及小包装食品	与供应商合作开发新产品系列	高	机会

续表

HGD公司的商务环境			对今后三年的影响程度	机会还是风险？
	食品消费相关性	与HGD的关联		
特殊饮食要求的增长	越来越多小群体客户要求无麸质、无乳糖、严格的素食食品，等等	与供应商合作开发新产品系列	中等	机会
因素：技术				
在物流、仓库及货架上安装库存管理传感器	技术控型客户期望出售的食品有特别的优惠	与对手进行技术上的军备竞赛以将供应链上的效率及对客户的反应力最大化	高	机会
在任何时间，任何地点都加强技术使用	在家里或移动设备上就能购买任何东西	同上，并且需要特定时间的点击取货及送货到家服务	高	风险

资料源自瑞尔斯与麦克唐纳（2007）

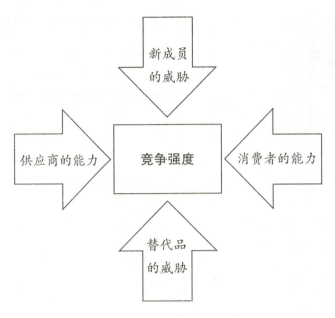

图 5.3　波特的五个力量

资料源自波特（1980）

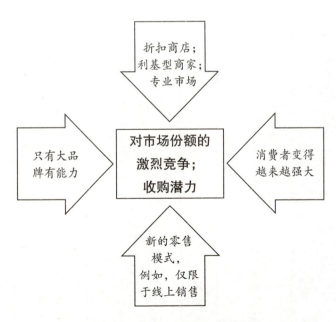

图 5.4　波特的五个力量用于食品零售业

资料源自波特（1980）

看起来，我们的关键客户前景黯淡！五个力量中有四个都在挤压潜在利润，但是客户的增长迅速，因此，在这个领域里一定有一些机会。我们得看得更深入一些（表5.2），由于只关注能力以及最直接的供应链，因此这个分析还是不够深入。

这里有几个例子。似乎相对而言，供应商看起来很少运用他们的能力，但供应链上的一个食品丑闻，诸如2013年英国的马肉丑闻（如图5.5所示），令一些零售商比另一些零售商受到更大的影响。竞争激烈，但食品零售业的一

表5.2　HGD的竞争环境

	与HGD的关联	今后三年内的影响程度	机会还是风险？
因素：供应商			
有限的能力	供应商们为生意竞争	中等	机会
可能会是丑闻之源	供应商选择	大	风险
因素：新成员			
折扣商店	通货紧缩	大	风险
市场	有限	小	
因素：替代品			
线上模式	提供更多线上选择与配送的压力	大	风险
因素：客户			
日渐增长的可获得的信息与选择的能力	提供更多选择、灵活性，以及价格竞争的压力	大	风险
因素：竞争强度			
大公司拼命抢占市场份额	需要分化产品	大	机会

资料源自瑞尔斯与麦克唐纳 (2007)

图 5.5　马肉丑闻

些大公司在产品上却没有什么分化,那么有分化的公司受食品丑闻因素的影响就要小一些。一些食品零售商常会有一些相对忠实的客户。

那么,我们现在总结一下 HGD 面临的风险与机会的来源。首先,PEST 分析与波特的五个力量分析都揭示了一个主题,即消费者采购模式由店内采购转变为线上采购的变化必须予以应对。HGD 必须在供应链管理上格外警惕,还要考虑如何将产品分化以应对正在出现的小众客户群。另外,他们还必须通过检测技术潜力来改进运营及客户反应性。

▶ 优势与劣势的来源

面对风险与机会,HGD 到底准备得如何?我们需要看看他们的优势与劣势。我们最好能看看在广大消费者的眼里他们与竞争对手的业绩对比如何。通常会有很多市场调查报告可以帮助大多数领域的类似分析。我们看看一些参与抽样调查的购物者为被抽样调查的食品零售商评分的情况,被抽中调查的公司包括 HGD,每项评分总计为 10 分。

从表 5.3 中可以看出关键客户在食品质量与店铺布局上有明显优势，但在购物者感知的价格上也有明显的劣势。总体来看，与 HGD 实力最接近的主要竞争对手似乎是对于 B。

表 5.3　食品零售商之间的业绩评分抽样对比

成功因素	HGD	对手 A	对手 B	折扣商店	利基型商店
价格	3	5	6	9	3
食品质量	9	5	7	5	8
店内精选品	7	7	8	3	3
在线精选品	5	7	6	0	0
可用库存	8	6	4	5	8
店铺布局	9	3	5	1	8
你信赖的品牌	6	3	5	6	9

资料源自 B. 罗杰斯在朴次茅斯商学院的教学材料

看双方的对比，HGD 的另一个优势是可用库存，这显示了 HGD 的效率相当高。可以看到，HGD 相对的劣势在店内及线上的产品系列，而且品牌的可信度也没有预期的好。

SWOT 九框态势分析

图 5.6 为扩展版 SWOT 分析。在此可以看出关键客户的目标，这是我们应该了解的，或者算是应该能在他们的年度报告里找到的。另外，我们还能看到他们需要做的一些事情，以便凭借优势抓住机会并分散风险。他们需要投资以确保劣势不会抵消机会，并在风险与劣势一致的时候起到防范作用。

目标 管理增长率 将市场份额增长至 10% 使运营性利润率保持在 5%	优势 食品质量 店铺氛围 可用库存	劣势 价格高 店内产品系列 线上产品系列 品牌化
机会 小众客户群 大公司未分化产品	速效方案	投资
风险 客户转到线上采购 供应链上的丑闻 供应链新技术 客户反应力新技术	分散风险	防范事项

图 5.6　扩展版 SWOT 分析

资料源自魏里希 (1982)

作为关键客户经理，应该从客户角度对此予以思考。暂且不要高兴地急于解释我们的产品与服务在哪里能帮助他们实现目标。客户喜欢那些能深入了解他们的业务，并为他们提供关于如何成功的新想法的客户经理。那么，我们就这么做吧。在个人生活中，要是朋友说："如果我是你，我会……"我们可能会不高兴，但在商业活动中，我们需要并且珍惜诤友。当然，作为那个诤友，在交谈的时候我们需要注意一定策略！HGD 的扩展版 SWOT 分析如图 5.7 所示。这是关键客户经理应该为 HGD 规划而进行的分析。

目标	优势	劣势
管理增长率 将市场份额增长至 10% 使运营性利润率保持在 5%	食品质量 店铺氛围 可用库存	价格 店内产品系列 线上产品系列 品牌化
机会	速效方案	投资
小众客户群 大公司未分化产品	关于质量与购物体验的营销信息 与供应商一起开发与质量形象匹配的新产品系列	与供应商一起开发与质量形象匹配的新产品系列，但针对小众客户群为品牌发展投资
风险	分散风险	防范事项
客户转到线上采购 供应链上的丑闻 供应链新技术 客户反应力新技术	运用技术与供应商选择策略以保证供应链上的质量 投资 IT 以使线上氛围与店铺氛围一致 确保"最后一英里"[1] 物流与仓储物流同样高效	价格防范——这是质量的成本 防范精选品的选择度——应对多个小众客户群而非品牌多样化 开发"线上与线下"品牌

图 5.7 HGD 的扩展版 SWOT 分析

资料源自魏里希 (1982)

客户也许一开始不能做到所有这些事情。必须有一个高层对话，最好是董事会级别的对话。谈谈客户如何看他们的商务环境，他们计划做些什么，以及他们如何优先考虑这些战略。

---

[1] 1 英里 =1.609 344 千米。

之后，可以继续分析你们公司将如何竭尽所能满足客户的需求。针对这个关键客户，针对美味馅饼有限公司的九框SWOT分析看起来怎么样（图5.8）？我们的机会与风险全都来自HGD想要实现什么。

目标	优势	劣势
改进关系质量，将合作型关系提升为相互依赖型 将客户份额提升至65% 使运营性利润率保持在15%	优质的配料 在口味测试中得分极高 适应性强	管理 物流 品牌化
机会	速效方案	投资
HGD想为单身人士/老年人/小众客户群开发新产品系列 HGD想在供应链上保证产品质量	为单身人士及老年人开发的新配方与不同大小的包装食品 就质量保障交换更多信息	愿意为小众客户群利基型产品的联合品牌投资
风险	分散风险	防范事项
供应链上更多人期待运用IT技术 更多人支持对在线采购的期待 品牌拓展需要供应商的投资	审视将产品延伸至HGD线上系列的影响 愿意投资联合品牌	运用新技术的潜力及/或外包及/或更换经营不利的供应商

图5.8 针对HGD公司所做的美味馅饼公司的九框SWOT分析（内部使用）

资料源自魏里希(1982)

而且，我们的优势与劣势完全取决于HGD的关键采购决策者们如何看待我们以及竞争者。他们可能在做非常复杂的供应商分析，而且愿意告诉你分析的结果，或者，你也许不得不从他们的采购行为中辨别出优势与劣势。如果只占一个很小的客户份额，那么你很可能只被当作一个实力相对较弱或者是边缘化的供应商。

尽我们所能满足客户的需求

我们从客户的立场转回自己的立场时，未必会分享所有的工作底稿，虽然我们并没有什么要隐藏，但是，我们为 HGD 做的拓展版 SWOT 分析的第一个读者却是客户团队里的同事。在完成规划之前，先要就新产品可能对客户产生的影响、它们应如何进行配置，以及我们的优先考虑顺序是什么进行广泛讨论。

在销售中，对于提供给客户的，尤其是给关键客户的产品我们通常总是持乐观态度，但是关键客户希望我们现实一些。也许，我们有非常棒的配方，能做出超级好吃的馅饼来，而且为我们对客户求新求异的要求有足够的适应力。尽管如此，在这个时代，我们的客户要求使用更高的技术以带来更高的效率。如果不先解决我们在管理及物流上的劣势，那么我们绝不会是他们首选的供应商。显然，将管理职能外包这样的决策不能基于一个客户的期望而予以采纳，因此，整理审核关键客户的规划，得由公司高层来做决策。一些大公司在董事会下设立一个小组委员会，每月审核关键客户一次。这样，影响所有关键客户的一些趋势，诸如对管理与物流的不满就会得到处理。如果 HGD 是唯一的一个抱怨物流的客户，那么也许会为他们单独安排快递公司送货以便让他们安心。我们将此做法称为"以纸包火"。这种企图遮掩问题的做法会与关键客户的服务成本上涨相伴而来。如前几章中所见的，增加关键客户的服务成本可能会减少该客户的战略吸引力。

我们可以看一看关键客户团队必须经常做的权衡。也许投资创办联合品牌或者给客户举办他们想要的促销活动相当容易。如果一个馅饼供应商打算投资于某种产品（例如，无麸质系列产品），那么，关于改变配方和包装大小，就需要做相当多的研究与开发，这样客户才能保证将来有足够的货架空间。

一旦关键客户团队成员就为客户带来价值的方式争论不休，在协商好一个受到多数人认可的协议后，关键客户经理就可以向客户提议了。你的主张一定要引起客户的强烈共鸣，这点至关重要。正如我们认识的一位首席执行官以前曾对他的关键客户经理说过的那样，"闪光点在哪儿？"例如，拿美味馅饼公司来说，所有的快速消费品 (FMCG) 供应商都必须要给关键客户一个令人叹服的理由来信任他们，以便将某一类别产品更大百分比的货架空间交给他们。我们认为解释这一切，以及为每一个关键客户制定价值主张的最佳方式，就是带你从头到尾经历制定可金融量化价值主张的过程。将渐进式递增的花销与实现成本节约联系起来是一个引人注目的论证，但前提是，购买者对你的实现能力有绝对的信心，或者是你将分担一些风险。

识别基于价值的项目

关键客户管理关系中最难的一部分就是起步。告诉你的客户，他们对你的业务很重要。你需要一个实用的方法能吸引客户与你协同工作。做此事的方法是，让关键客户经理为客户找到一个基于价值的机会，然后提议一个项目来评估这个机会。"评估"一词在这里很重要，因为这有意减少了必要的客户承诺，需要客户答应去看看此事的可能性，而非要他承诺基于建议就采取行动。基于价值的机会来自何方？它来自对客户生意的详细分析，以及他们想跟他们的客户实现的目标。做这些事情没有捷径。成功的关键客户经理确实需要下足功夫！

一个项目可能始于一个不是很明确的目标——例如，看看如何开发一个新市场，一个微小的产品改良如何改变终端客户的使用体验，或者削减制造成本等。做好准备——在提议与行动的间隔期，客户也许会修改他们的项目目标。这是件好事情，因为这体现了客户的想法与承诺。

一旦该客户认同该项目能为自己带来好处，客户经理就应该与客户方的股东合作，将模糊的目标变成具体的、可衡量、可操作的，而且是有时间限定的目标。注意，是"可操作的"及"有时间限定的"，因为正是这些因素促使一个优秀的关键客户经理将客户关系向前推进。可操作的目标需要人们付诸实践，这就为介绍来自不同职能部门的项目组成员提供了机会，这将进一步强化供应商与客户的关系。时间限制会为该项目提供紧迫感与优先权。

　　一个运行良好的、基于价值的项目可以开启到达客户内部新领域的途径，而这在基于商品的"买家－卖家"关系中是根本不可能实现的。这会产生双重好处，一个是，这将会为关键客户管理提供信息以找到更好的方式将共同价值注入他们的关系中；另一个是，在供应商与关键客户之间建立多重的、跨部门的关系。随着时间的流逝，以及成功地重复此过程，客户关系将会从探测型关系发展为综合型关键客户管理。

菲尔·麦高恩
积极销售有限责任公司首席执行官

金融量化的价值主张

价值本质上是一个简单的概念——减去成本后的利益对比下一个最佳选项。价值不仅只是由一个供应商创造，再传递给一个客户的；还可以由供应商、客户以及其他供应链上的合伙人协同创造。尽管如此，这一点还是极其重要，即，关键客户经理要开启创造价值的过程，其中包含着他们协调公司能力与关键客户需求的理念。

一个价值主张应该做到以下几点：

◆与众不同：它必须优于竞争者。

◆可衡量：所有的价值主张都应该建立在具体、切实的不同点基础上，并且，这些不同点都应该可以用金钱量化。

◆可持续：它必须有意义深远的生命力。

如果能牢记这些注意事项，那么你将制定出有意义的价值主张。就食品零售这个案例而言，你不仅需要为消费者制定一个价值主张，而且还需要为零售商制定一个。

大多数专业销售人员都知道打折销售是一种徒劳之举，即刻就会侵蚀盈利性以及公司保持成功的能力。所有公司都得在合理范围内保持较低的成本基数。否则，这会不断削减成本，乃至于将大部分价值剥离了产品，从而导致客户不再想要它们了。零售商们每隔不久就会做一次以次充好的事，结果不但砸了自己的品牌，而且又引起了负面的效应？

> 值得注意的是，一些客户只在某个特定的会计期才会追踪成本节约；在下一个会计期，他们会期待节约更多成本。通常取得改变（降低成本的签收证据）是需要时间的。最多的收益一般是在你降低成本提议的前期，并且不可避免会在一段时间后减少。当心签下渐进递增式的节约成本（同期相比的）合同。它们可能不可实现。
>
> 保罗·博蒙特
>
> 英特利姆公司销售总监

可替代的选择当然是有意义的产品分化，然而，你的产品分化对你的关键客户而言其实只是个营销大标题。"最优质的配料"与"最佳口味"只是美味馅饼公司对抗其竞争对手的姿态。但愿营销、研发及运营部门能通力合作以确保消费者在购买馅饼的时候总能体验到优质与美味。但是对HGD的产品采购来说，与美味馅饼公司密切合作意味着什么？我们用另一种分析法来甄别HGD可能会感知到的价值向度，看有哪些方式能将九框强弱机危综合分析变为HGD的创意（图5.9）。

创造价值 例如，收益增长、生产力提高、服务改进、更快的上市速度	战略的 针对单身/老年人的新配方与包装尺寸 为线上采购扩大美味公司的产品系列	高潜能的 针对新的小众客户群的联合品牌系列产品
避免劣势 例如，规避或者降低成本、规避或者降低风险、规避或者减少"争端"	关键操作 运用技术或者第三方来改进流程协调	支持 就质量保证多交换信息
	运作上至关重要	非关键的

图5.9 鉴别可为HGD感知的价值向度

资料源自沃德与帕德（2002）

对图 5.9 所示各象限可做如下解释：

◆ 战略的：某个能确保客户长期成功的事物。
◆ 高潜能的：某个值得尝试的事物，因为它将来可能具有价值潜力。
◆ 关键操作：某个对日常的正常营业至关重要的事物——这可以帮助客户规避成本或者规避风险。
◆ 支持：某个能提供有益的支持功能的事物，可以避免某个劣势。

现在该看那个关键的问题了——那么，对 HGD 而言，有多大价值？下面我们即将阐述几个计算价值的方法。

▶ 价值链分析

波特的附加价值概念是一个递增式的概念。他主要关注的是，一项活动如何在货物及服务穿过价值链的各个阶段，以及处于内在价值链之内时改变它们的价值。

表 5.4 运用波特的内在价值链描绘价值（例 1）

针对单身老人的新包装尺寸				
	影响	附加值	成本降低	净收益	说明
HGD 的价值链					
进店	将根据目前的托盘设计	0	0	0	
仓储	将根据目前的存储条件设计	0	0	0	可能要求额外的空间

续表

针对单身老人的新包装尺寸					
	影响	附加值	成本降低	净收益	说明
HGD 的价值链					
配送	将根据目前的托盘设计	0	0	0	
店内	将根据套餐及常规的分类展示设计	0	0	0	可能要求过道尽头用作额外促销空间
营销与销售	必须适合套餐	10-3月间增加2%的套餐销售额	0	连续半年达到平均每店每周2 000英镑类别营业额的2%	影响将是季节性的——冬季会卖出更多的馅饼
HGD 的基础结构					
财务	无	0	0	0	
采购	无	0	0	0	
技术	无	0	0	0	
人员	无	0	0	0	
公共形象	也许会引起好的宣传				

资料源自 M. 麦克唐纳在克兰菲尔德大学管理学院的教学材料

尽管在表 5.4 的示例中，美味馅饼公司在 HGD 的价值链中没有提供任何价值优势，但分析显示，美味馅饼公司要在包装设计上多加注意，以免因为包装不适合目前的厂家而产生额外费用。在向客户介绍新理念时，这是要重点解释的事情，因为这会将启动试点项目的风险降到最低。HGD 很有可能会期待美味馅饼公司能分摊或补偿因额外的促销空间而产生的任何费用。渐进递增的收入听起来微不足道，也许根本无法促成美味馅饼公司希望与 HGD 实现的目标，因此，他们才希望有各种不同的想法，以及广泛的研究来支持其主张。

如果还记得第四章中关于零部件的那个例子，那么就可以看出，能逐条记录并估算成本的客户价值链的影响要比例子中列举的更多（表5.5）。

表5.5　运用波特的内在价值链描绘价值（例2）

朱庇特生产线的新部件（年度收益）					
	影响	附加值	成本降低	净收益	说明
HGD 的价值链					
进店		0	0	0	
运营	损伤更少停工期更短维修更少润滑费更少	0	100 英镑1 000 英镑1 000 英镑	100 英镑1 000 英镑5 000 英镑	
出店	处理成本	0	100 英镑	100 英镑	
营销与销售	有助于连续供货	2 000 英镑	0	2 000 英镑	
HGD 的基础结构					
财务	无	0	0	0	
采购	年交易量更少	0	500 英镑	500 英镑	
技术	无	0	0	0	
人员	无	0	0	0	
公共形象					

资料源自 M.麦克唐纳在克兰菲尔德大学管理学院的教学材料

▶ 股东价值分析（SVA）

阿尔弗雷德·拉巴波特（1983）关于股东价值分析（SVA）的研究一直以来受到广泛好评。他分析了决策如何对股东的现金净现值产生影响。该分析衡量了一项活动挣得比其总资本成本更多钱的能力。SVA 提供了一个架构用于评估提高股东价值的各个选项，即再投资现有活动、投资新活动、给股东返现。它主要是通过在这几个选项中做出权衡来完成分析的。我们可以将此简化为"照原样继续""做点什么"或者"放弃"这几种情况。

今天，大多数公司都接受这个观点，即财务目标本身不是唯一可能的经营目标。诸如品牌价值、客户忠诚度，或者客户满意度等此类的"附加价值"标准，是实现财务业绩的主要可靠指标，然而，在B2B领域，财务决策者也许会将一个供应商的品牌价值看作是一个降低风险的因素，但对其客户而言还不足以产生有多大意义的价值，但也有例外。例如，在飞机上应用劳斯莱斯公司制造的引擎，及芯片制造商英特尔与个人电脑制造商之间的"内置英特尔"等活动。

当将发电厂卖给公用事业公司，或者将主要的IT系统再次卖给银行时，则很有可能会需要一个完整现金流及资产负债影响的声明（表5.6中会显示一些典型的比例）。对许多关键客户的渐进递增式销售来说，有一个对一段时间后现金流影响的简易的财务分析就可以了。

不管选择哪种方式阐述你的提案的财务影响，金融量化将会帮助你增加盈利性销售，其原因如下：

◆公司顾问指出，相对来说，很少有公司在制定可以金融量化的价值主张这方面做得很好，因此，金融量化可以有助于使你在人们眼里看起来比你的竞争对手更专业；

◆即使你跟对手其实并无多大区别，但仅是将收益（即便只是普通收益）做金融量化，就可能令你获得你的对手没有的优势；

◆这应该能帮你减少折扣；

◆这应该可使营销活动更有成效；

◆对门户网站上的小规模销售而言，你可以在短期内看见销售线索转化为销售行动；

◆这种开放性应该能改进你与客户的关系。

表 5.6 现金流与资产负债影响声明

财务分析

财务比例指标	公式	来源		公司地位	产业地位	它看起来是否需要改进?		就我们公司的产品/服务如何能为客户帮助,最初有无想法?
		年度报告				是	否	
目前比率	流动资产/流动负债							
净利润率	净利润/净销售额							
资产收益率	净利润/总资产							
收款期	债务人较少的坏账/日均销售额							
库存周转率	已售货物成本/库存							

续表

指标	指标描述
目前比率	衡量一家公司的流动资产——它是否有足够的钱来付账
净利润率	通过显示销售百分比，即扣税后得到的利润来衡量一家公司的整体盈利率。如果这个比率是可接受的，那么也许就没有必要计算毛利率或者营业利润率了
资产收益率	评估一家公司的管理效率，可以通过计算公司的盈利率与其投资之比得出
收款期	评估债务人的活动。延长收款期意味着该公司的资金在资助客户，但对该公司的现金流没有好处
库存周转率	评估该公司的资金多快能从已售货物成本转化成利润。如果库存周转更快，那么它作为可销售产品就不会在工厂滞留很久

资料源自 M. 麦克唐纳在克兰菲尔德大学管理学院的教学材料

将战略付诸行动

董事会与客户都想知道好的创意如何能实现,这就是客户团队要么永久地,要么在某个特定时期内拥有一个经验丰富的项目经理的重要之处。他或者她可能将运用关键路径分析法及先进的软件来绘制并追踪将一个创意付诸行动需要做些什么。鉴于我们的目的,表 5.7 展示了一个例子来说明执行计划中的各个要素。

表 5.7 一份执行表中的各个要素

战略行动	事项	参与者	时间
对联合品牌的投资	营销经理去见客户,与其代理商探讨思路	营销经理 JA 去联络客户 AW 公司与代理商 GT 以确定日期	第一年第一季伊始
	代理商准备创意及花费	代理商 GT	第一年第一季末
	首选创意待双方董事会批准	哈里·奎恩将出席	第一年第二季伊始
	营销团队与代理商计划媒体活动的细节。接洽运营及财务部以保障可用库存及现金流	将由哈里·奎恩组织	批准后越快越好
	在挑选出的店里进行试点销售	HGD 的商品供应商	批准后六周
	就新产品首次推出的规模复审并决定	所有各方,由奎恩的个人助理组织	试点后一周

各方都想知道自己即将涉及的风险。就这个联合品牌的营销活动而言，风险相当明显，必须制定应急计划来应对它们（表5.8）。

表5.8 克服营销活动风险的应急计划

战略行动	风险	应急计划
对联合品牌的投资	代理商未能充分检测创意的可接受度，而且人们对广告有诸多怨言	确保代理商在任何时间撤回材料时都有备用方案。提前安排好分摊撤回材料的费用
	活动引起多于预期的需求	与运营部员工就活动期间可能的延长轮班提前做好安排
	活动引起少于预期的需求	活动中期可以启动价格促销因素；在现金流减少时动用准备金
	竞争对手以降价及针锋相对的活动来应对	活动中期可以启动价格促销因素；在现金流减少时动用准备金

还有什么应该纳入关键客户规划中？还有些事情需要关键客户经理及关键客户团队做好计划，它们可能会被视为一个业务关系在操作过程中的一部分，诸如双方何时会见？在双方公司如何建立新的联络点？双方主管们何时见面进行战略审核？拜访关键客户总部及参观各个店面需要花多少时间？这些都将在附录中标示出来。它们都是必须要考虑的，以避免疏漏，以及避免对发展一个关键客户关系所需的努力掉以轻心。

▶ 规划与提议

> 各个公司可能在提议上会花费大量金钱，但在商战中，第二名没有任何奖项。

密切的"供应商-客户"关系可促成规划的分享，但在许多情况下，关键客户经理还是需要制定出正式的提议来应对具体要求。在谈判开始前，这个提议会被拿来与竞争对手的一起做比较评判。比如公共领域销售，或者是在有关的服务公共领域的部门里（如防卫部门），情况总是如此。这个提议应该包括关键客户规划里应包含的所有内容：

◆表现出对客户需求的理解；

◆确认已经理解客户意欲实现的目标；

◆一个价值示意图——运用供应商的能力满足客户需求；

◆一份具体的、核算过成本的解决方案，显示已经理解方案的改变对客户在一段时期内的运营的影响；

◆一份风险评估报告及风险管理计划；

◆一个供应商能实现的、具体化的价值，应该有证据支持（例如，参照）。

各个公司可能在提议上会花费大量金钱，但在商战中，第二名没有任何奖项。他们应该全力以赴争取可能中标的项目，放弃没有太大希望的项目。一个客观的投标/不投标评估应该在此过程早期阶段的几个节点进行。提议应该写得清晰明了，不要使用行话，要让阅读此提议的各个专业人士都能看懂。技术上允许创新——可以使用内嵌的视频文件来演示（例如，演示一台机器在客户工厂中的使用情况）或者链接到各个分散的信息源（但要确保这些链接能正常运行）。

如果我们做得多了，那么规划就会越做越好。而且，经常修改，对提议也大有好处。无论是赢是输，重大的投标都要反复审核，要总结经验。

表5.9为关键客户管理规划评估原则。

表5.9 关键客户管理规划评估原则

执行者	清晰并且突出
总结	包含所有重要事实及要点； 结论已做出：不是一堆未经整理的"材料"； 各部门的协同思考：是从分析到目标到战略再到行动的合理进程； 重大的业务及市场问题得到确认，并给予相应程度的关注。
分析	从商务环境追溯革新的需求； 有可用的市场地图及价值链； 各因素准确地运用于SWOT分析中，并且置于合适的位置； 关键客户的九框SWOT分析先于价值绘制； 关键客户对供应商的评价会影响我们的九框SWOT分析； 关键客户的竞争力与我们的竞争力现实吗？
目标	客户钱包界定准确； 目标与分析匹配，包括衰退期在内。
战略	清晰明确并得到解释，尤其是客户的价值主张； 回答了"为什么是我们"？这样的问题； 不是销售结果的"愿望清单"； 不是简单的行动； 与分析一致，源头清晰； 优势很现实； 不仅是一般的"一切照常"； 承认客户的客户的重要性； 承认对手可能的反应。
行动	不会在半年内就如强弩之末； 有被认可的大动作，不仅仅只是"安排会议"等； 包括权值； 风险得到评估，化解措施明确。

资料源自麦克唐纳等(2000)

结语

关键客户规划是基于对关键客户的深刻理解，及我们的能力与客户将来的需求之间的关联制定的。我们已经看了有关美味馅饼公司及零售商 HGD 的规划文件的例子。在我们撰写此内容的时候，已有越来越多的技术可以自动操作完成此过程中相当部分的内容。尽管如此，还是需要人类的关键客户经理思考哪些数据具有指示功能，并发挥其创造性用它为关键客户以及他们自己的公司创造新的未来。第六章主要讨论目标客户营销（ABM）。在进入第六章之前，我们敦促你阅读本章的附录，学习如何使用模拟软件为关键客户制定规划。不论为客户做出什么规划，我们的对手也会做出一份客户规划来。通过模拟训练，我们可以预判竞争对手的行动，并尽力在行动发生之前将其抵消。

思考

留出一些时间审核你目前的关键客户，并运用表 5.9。
考虑升级你做客户规划的模板及流程。

第五章 关键客户规划：如何分析关键客户的需要并且制定有价值的规划

附录5.1：学习如何利用模拟客户管理软件做规划

艾德蒙·布拉德福，营销制胜有限责任公司的总经理。

有一些非常有用的工具及模型可帮助制定一个出色的客户规划，但它们是否得到了很好的使用？我们都见过，有的人即使只是做简单的SWOT分析也会做得极其糟糕。客户规划经常做的像纳税申报表一样，只留下一些空格等待填写。这样做出的规划也许看着完整，但缺乏足够的洞见与战略。这是由于对工具不理解，以及对如何使用工具缺乏恰当训练造成的。许多专业人士，例如，飞行员就是通过模拟训练来磨炼他们的技能的。那么，如图5.10所示，关键客户经理也可以使用模拟软件来改进他们的客户规划。

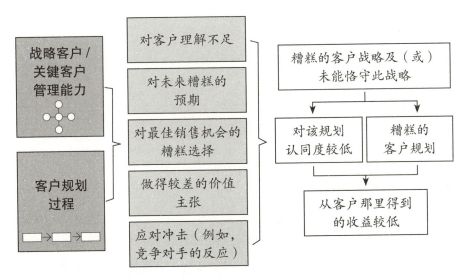

图5.10 模拟训练有助于解决的问题

你下过象棋或者西洋棋（欧洲的国际跳棋）吗？如果下过，你会知道，假如只是走一步看一步，那么就不会下得很好。例如，在下象棋时，你需要有一个目标（诸如，俘获对手的女王）以及一个战略（例如，将女王围困在角落，之后，再用一个骑士干掉她）。最佳的象棋选手会将清晰的战略转化成一系列明确的行动，并且在许多步骤之前就能预知对手对其决策的反应。

然而，在商业世界里，那里的风险要大得多，许多公司大多不擅长预判对手对其客户管理决策的反应。正如科因与霍恩（2009）注意到的那样："我们被告知，象棋中，最优秀的棋手能向前看五步甚至更多步……当被问及他们能分析的步数及反制的招式数时，约25%的受访者说他们没有做过交互模拟训练……不到10%的接受调查的经理会稍微看看对手的反应。"

另外，在客户规划与执行上还存在很大的惰性。在战略设计中几乎没有考虑对手会如何应对这些战略。就好像对手只存在于纸上，对我们或者市场没有任何影响，而三年客户战略将会成为一个自我应验的预言。这太不现实了。客户规划需要抓住一个不仅正确而且坚实的战略。这个战略需要经受规划期间可能出现的反应与情境的考验。

▶ 实例：在一家全球工程公司做的模拟训练

一家全球工程公司举办了一场为期两天的研讨会，来为其全球客户管理员工培训客户规划技巧。研讨会上使用了一个关键客户规划模拟软件。会上进行了五轮决策，其强度与速度均非同一般。期间，还召开了一个专门针对模拟训练中的采购部分的讨论会，用以学习如何协调供应商的销售战略与客户的采购战略。

研讨会不仅快速加强了与会者制定客户规划的能力，而且还就卓越的客户管理模式达成了共识并提供了共同语言。在研讨会末尾，参会者制定了个人计划，决定将学到的知识运用到自己的客户身上。一位参会者高兴地表示，她在离开会议室前就已经开始在一个信封背面将客户进行分类了。

学习步骤要领

进行模拟训练时,每一轮决策中务必包含以下四步:

(1)审视供应商正面临的局面;
(2)通过将改善供应商业绩的客户战略;
(3)用更新过的战略更新客户规划;
(4)在模拟训练中执行该战略。

这些步骤将在图 5.11(模拟训练作为一个学习工具的优势)中加以阐明,需要注意的是,其中两个步骤是用模拟软件来完成的;另外两个则是以传统的讨论及撰写规划来完成的。在五轮的决策中反复练习这几个步骤将极大地提高参与者正确使用工具及模板的能力。

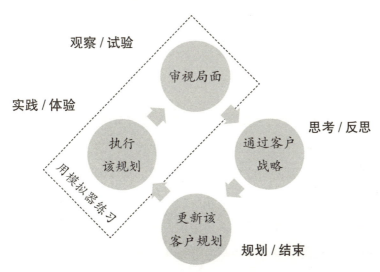

图 5.11 模拟训练作为一个学习工具的优势

资料源自科尔布的学习周期(科尔布,1984)

▶ 模拟训练作为一个学习工具的优势

使用模拟训练可以加快学习者掌握技巧的速度，以及增强保留这些技巧的程度。在此方面，各种学术及商业研究已经找出模拟训练的各种优势。学习者可以沉浸在训练中，这意味着学习将更深入，而且他们改善批判性思维、提高解决问题及决策能力的动力已被激发起来（见隆等，2015）。在训练中，有基本的人类乐趣，而且学习方式对来自世界各地、不同文化与背景的人都适用。竞争精神开始起效，而且制胜的欲望驱动着学习新观念的热情，这样能使游戏者获得战胜对手的优势，远比干坐着听枯燥的客户介绍及听我们做的项目清单有趣得多。

更多的创新在这种跨职能的模拟训练中也得以发展。许多公司运用模拟训练研发新产品并发展协同创新。这样做的成本优势是相当明显的，尤其当参与者人数巨大的时候。模拟训练使得参与者可以在网上见面，而无须在现实世界中会面，这样就节约了大量的差旅及见面的费用。根据经验，除了以上优点之外，我们还可以增大灵活性、增强能力、增大关联性，以及增加更多的实际输出。

更大的灵活性

模拟训练可采用研讨会的形式在一两天内强化完成，或者也可以在线练习的方式在网上持续数周（或者采用结合以上两种形式的混合学习模式）。在后一种情况下，这很容易适应目前的工作职责。可以给参与者一周的时间做决策。可以通过电子邮件、网聊、电话、网络研讨会等形式分享他们对市场情况及战略选择的思考。另外，还可以自由地自我组合，只要适合自己——这是指对他们的日记与在团队中的作用都有好处即可。

更强的能力

为了训练出能干的战略领导者，我们需要培训他们的知识、技能与举止。

传统的培训方法（诸如研讨会、工作坊）长于知识的拓展；对于技能培训，效果一般；而在举止训练上，则就乏善可陈了。这是因为参与者学习了理论知识却没有足够的时间付诸实践。就像生活中的许多事情一样，诸如学会一种乐器、学会一门新语言，或者擅长某一项自己选择的运动，都是业精于勤的过程。可以理解，为何许多客户经理不擅长制定客户战略规划的原因是他们没有机会在低风险环境中实践。

更大的关联性

由于模拟训练可以针对某个业务的特定挑战而设计，因此它们与参与者的关联性更大。例如，模拟训练可以由一个基于产品或服务的业务、特定的产业、B2B 以及 B2C 的商务模式，以及大大小小的不同公司来设定。

更多实际产出

引向我们要说的最后一点，即模拟训练可以有更多的实际产出。例如，好的模拟训练既可以提供一个通用的客户规划模板，也可以让客户用他们自己的模板。通过一个量身定制的模拟训练，参与者可以在参加训练的时候撰写自己的客户管理规划，而训练结束时，他们会拿到规划草稿，上面有许多参加训练的股东输入的内容。这些股东将参与到该规划的执行中。在模拟训练的终端中，真正的客户规划可以进行"作战演习"，由一支队伍主演，其余各队则扮演他的竞争者。

> 花在客户管理模拟器上的时间会打造出优秀的客户管理经理，他们可以快速识别并恰当应对风险，而且能高效且自信地采取行动。

▶ 运用客户管理模拟训练

执行一个未经过实战考验的客户战略规划正如没有制定后备计划就将战

士送上战场。战略的重要性不容许它被匆忙制定，而是应该来回在各个想法之间变换，对手一进攻就惊慌失措。因为如果市场或者客户没有按我们预期的那样行动，那么就无法实现客户管理目标。

模拟训练可以帮助关键客户团队练习制定及执行客户战略规划。这意味着，关键客户团队的任务不仅是卖出更多的东西而已。退回一步，到底想不想要借这个销售机会卖这个产品。这个机会对我们重要吗？其他机会里有对我们更重要的产品或服务吗？什么是交叉销售机会？即使是小公司也常在多个客户领域销售不同产品或服务。对一个公司来说，战略客户管理问题常常不是关注一个产品的战术细节及如何卖得更好的问题，而更应该放眼全局，在接下来几年里，决定将公司的客户管理投资聚集在何处。一台优越的客户管理模拟器会帮助公司采取真正的战略模式应对他们面临的特定挑战。

继续前进之前，先要提醒自己一句，尽管在使用"真正的"一词，但我们实际的意思是"现实的"。没有任何一个模拟训练能将错综复杂的市场及商务模拟得分毫不差。现实中有太多的变数及荒谬的人类行为，然而，战略规划研究所（Strategic Planning Institute，自 1975 年以来，该所分析过真实公司报告的数以千计的绩效结果）做过一个研究项目，该项目对比了一些游戏与营销策略的利润影响（PIMS）。研究发现，游戏产生的结果与营销策略的利润影响一致，这似乎支持了游戏的关联性以及游戏制作者努力达到的标准（法利亚与威灵顿，2005）。正如飞行员使用模拟器学习驾驶飞机一样，客户经理可以使用模拟器学习将关键客户规划付诸行动的方法。飞行模拟器可以模拟不同的地形地貌来帮助飞行员应对不同的情况，以及快速做出正确的决策并高效地执行决策。飞行员在现实中遇到的真正危险可能与模拟的并不相同，但在模拟器上花费的时间会积累优秀的飞行员所需要的知识、技能与信心。同样，花在客户管理模拟器上的时间会打造出优秀的客户管理经理，他们可以快速识别并恰当应对风险，而且能高效且自信地采取行动。其产生的结果可以无愧于战略客户规划这个题目。

第六章

理解目标客户营销（ABM）

本章由贝弗·伯吉斯，信息技术服务营销协会（ITSMA）的高级副总裁撰写。

> 今天，在B2B营销中有一个最大的话题，就是目标客户营销（ABM）的影响。公司在ABM上的投入在节节攀升。20多年来，信息技术服务营销协会在B2B的营销服务上一直在创新。本章很荣幸地邀请到特邀撰稿人贝弗·伯吉斯——ITSMA的高级副总裁的到来。她将讨论这个重点营销技巧的本质特征。当今世界，客户数量在日益飞涨，贝弗所讨论的内容是所有涉及客户管理的人都应该了解的。

十年前，ABM还很容易。在当时，这是一个相对较新的战略途径。向个别的客户团队引进营销的思维模式、技巧及资源，仅通过公司的几个重要客户就可以创造可持续的增长及盈利性。这是一个协同销售、营销、配送及各主要高管共同致力于实现客户的商业目标的合作方式。

今天，基于早期采纳ABM者的巨大成功，以及更广阔的营销与技术环境中的变化，ABM突然间被炒作成B2B营销中的下一场伟大革命。各销售商及权威都在大言不惭地声称ABM在改造所有营销。你或许见过一些通过简单的五步法就将ABM运用于几千个客户身上的大标题，或者其他类似的愚昧的标语。当然，ABM思维及理念可以应用于成千上万的客户身上，但这其中大有玄机，绝不仅只是五个步骤那么简单。

ABM引起的热潮来自三个方面：

1. 早期的采纳者一直将ABM运用于他们的关键客户身上，看到其效果后，指望着能拓展、扩大其ABM活动的规模。

2. 引导性销售思维中的观念转变，从关注个体到关注客户。这种转变是由自动操作引导性销售及通过客户追踪的新技术引发的。

3.营销技术提供商及代理商看到新机会来销售技术、工具，及服务，这与一些最新潮流（诸如接触式智能、个性化内容营销与数据分析学等）相得益彰。

作为倡导 ABM 的先驱，并且从 2004 年以来一直在帮助发展并传播 ABM 的最佳实践的机构，对于其受到的关注，ITSMA 再高兴不过了，但这种大肆宣传带来的一个后果就是，对什么是 ABM 以及什么不是 ABM 却越来越混淆不清了。

本章以对 ABM 的清晰界定，以及对各公司正在采用的三个特定类型的 ABM 的详细描述，在一片喧哗中开辟出一条道路。坚实且共享的定义确保所有的参与者——销售部门、营销部、配送部及其他股东——都是基于同一个操作说明书工作的。这是借助 ABM 通向成功的第一步。

界定 ABM

如果在谷歌上搜索"目标客户营销",那么你一定会发现各种不同的定义。其中有许多定义含混不清、自相矛盾。每个人或者机构都是透过自己的镜头来看 ABM——有的是带着自私的议程来销售某个特定的技术平台或者服务。ITSMA 已确立了这个定义——目标客户营销,即将个体客户视为有一定实力的市场。

ABM 有以下四个根本原则:

◆ 客户中心性与洞察力。在 ABM 中,销售与营销关注的是解决买家的问题,而不是推广他们意图销售的方案。这种由外而内的方式意味着,只有对客户及其机构的理解足够深入,才能制定出规划,以帮助他们实现经营目标。

◆ 销售与营销的伙伴关系。只有销售与营销携手努力,ABM 才能实现其潜力。这不仅需要就定义、工作规则以及有优先权的客户名单达成一致,而且还意味着销售与营销是平等的伙伴,为同一个团队协同努力。

◆ 关注声誉与关系,而非仅仅关注收益。ABM 的目标是关注客户的终身价值,而不是引导性销售及近期收益目标,以促进更大的思维占有率以及更牢固的长期关系。

◆ 定制的方案及活动。营销与销售部门综合使用市场洞察力、客户洞察力以及个体买家的洞察力,以精心打造个性化的内容来激发兴趣与参与。

如果运用得当，那么 ABM 会带来远比其他营销方式高得多的回报（图 6.1）。

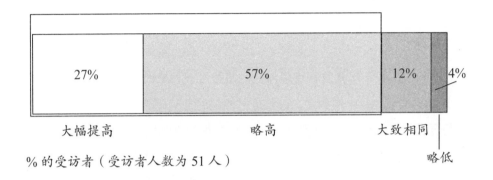

% 的受访者（受访者人数为 51 人）

图 6.1　ABM 的投资回报（ROI）与其他营销举措的对比

资料来自 ITSMA 目标客户营销抽样调查，2016 年 3 月

在此背景下，难怪营销者们不仅想只靠有限的几个关键客户取得成果，而是想在几十个、成百上千，甚至成千上万的记名客户中运用 ABM 营销模式。

三种类型的 ABM

ABM 之所以是 B2B 营销中最流行的趋势之一，是因为它有效果。约 78% 的 B2B 营销者说 ABM 很重要，或者是对他们的营销战略很重要[1]，而且其重要性与日俱增。ABM 的成功又带来了不断增长的内部需求（尤其是来自销售团队）以及投资，从而形成一个良性循环。根据信息技术服务营销协会的最新研究显示，2016 年，69% 的 B2B 营销者计划增加用于 ABM 上的花销[2]。

对 ABM 的需求日益增长，并且越来越多的人认识到，若引导性销售与培育管理得当，并且在记名账户的范围内得到持续追踪，其效果会更好。为了应对这种情况，各家公司已经制定不同策略来促使方案更快地扩张，以及覆盖的客户面更广。营销者们现在实施三种不同类型的 ABM：战略性 ABM 和精简版 ABM 以及程序化 ABM，其界定见表 6.1。

▶ **战略性 ABM：为单独的客户制定并执行高度定制化的方案**

这个独特的模式通常是专为战略性客户准备的，并在一对一的基础上实行。通过实施战略性 ABM，客户团队会与公司最重要的客户以及潜在客户打造更坚固的关系，这是通过高度定向的市场营销互动做到的。这些互动表现出对客户的业务问题有深入了解。最重要的是，战略性 ABM 是与客户一起实施

---

[1] 在联系紧密的经济里，对 B2B 营销者而言，信息技术服务营销协会（ITSMA）是洞见、共同体及实践帮助的主要来源。20 多年来，ITSMA 汇聚了主要的营销者、分析家、顾问及培训师来引领通向 B2B 服务与解决方案的营销道路。本章的撰写基于 ITSMA 的更新版的报告《目标客户营销（再）界定》。
[2] ITSMA 目标客户营销抽样调查，2016 年 3 月。

表 6.1 三种类型 ABM 的界定

	战略性 ABM	精简版 ABM	程序化 ABM
定义	为单独的客户制定并执行高度定制化的方案	为一群有类似问题与需求的客户制定并执行轻度定制化的方案	利用技术为特定的知名客户设计营销活动，大规模
营销者-客户比	一对一（尽管一个营销者可能会分配一个以上战略性 ABM 客户）	一对几	一对多
平均几个客户配备一个全职营销者	4	22	不适用
客户重心	70% 现有 /30% 新的	56% 现有 /44% 新的	51% 现有 /49% 新的
主要目标	改变观念 建立关系 识别机会	建立关系 识别机会	刺激消费欲
与销售合作的性质	与战略客户团队磋合	与销售部门的领导及客户团队协同合作	与销售部门的领导及销售运营部协同合作
资金来源	业务单位、销售部、营销部	营销部	营销部
营销内容	个性化的、定制的，以及可改变用途的	定制化的并可改变用途的	可以改变用途的
首要战术	一对一会谈；针对特定客户的思维领导；创新日；高管参与计划；私人宴会	一对一会谈；电子邮件营销；高管参与计划；定制的宣传材料；反向 IP/数字化广告	电子邮件营销；一对一会谈；反向 IP/数字化广告；直接邮寄广告；博客/社交活动

资料来自信息技术服务营销协会，2016 年

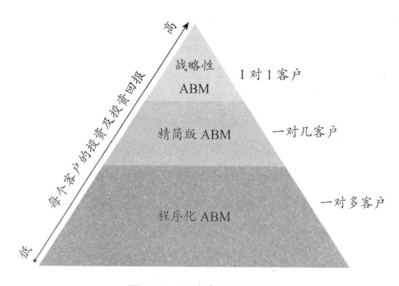

图 6.2　三种类型的 ABM

资料来自信息技术服务营销协会，2016 年

的，而不是为他们做的，从而促成双方公司的价值实现（见朱尼珀案例研究——本章末尾的附录 6.1）。

使用这个模式时，一个专职的高级别营销者会直接与一个或者几个销售方面的战略性客户团队或关键客户团队合作，精心制定出完全定制化的营销规划，并且为每一个单独的客户做出规划，作为整体客户规划中不可分割的一部分。在客户洞察力、定向沟通及追踪进展方面可以利用技术提供辅助支持，但这个模式也需要讲究相当的"艺术性"，其中包括制定量身定制的价值主张、思维领导及关系发展的主动性。

经常会有大量资源投入新产品的研发与创新，以实现双方共同价值的创造。关键指标远比收入具有更深远的意义，其中包括品牌影响力、关系的深度与广度、新方案的开发、商务合作及客户倡导。

尽管名字中有"营销"这个词语，战略性 ABM 并不仅只是一个营销项目。确切地说，它是一个公司规划，会直接影响公司的业务成果，诸如收益增长、公司的支持以及客户的终身价值等。

▶ 精简版 ABM：为一群有类似问题与需求的客户制定并执行轻度定制化的方案

这是一个公司对几个客户的模式，通常运用于成群的战略性／或二级记名客户当中。已经实施战略性 ABM 模式的公司经常会采纳精简版 ABM 来延续他们初步的成效，而其他一些公司则会采用精简版 ABM 开始过渡到一个更加定制化的目标客户模式。

对于精简版 ABM 而言，营销方案及活动通常更加关注小的客户群体，而不是单个的客户，一般会一次服务 5~10 个具有类似业务特点、挑战与计划的客户（例如，一个正在转化为个性化、多渠道运行模式的一级零售商）。

与销售部门的合作主要集中在几个关键的决策点上，诸如以哪个客户为目标、突出哪些业务问题、推广哪些提议、如何调整现存的一对几方案以及活动的内容。

技术对于精简版 ABM 的作用比对战略性 ABM 要更加重要，可以自动化完成客户洞察过程、活动的举办及评估。以同样规模的营销资源，精简版 ABM 模式可以覆盖更多的客户，因此，它对于那些意欲将此营销模式扩大到少数战略客户以外的客户的公司颇具吸引力（见奥多比公司的案例研究——本章末尾附录 6.2），但是，每一个单个客户的回报也可能比较"简约"。可以追踪到的关键指标是渠道及收益增长。

▶ 程序化 ABM：利用技术为特定的大规模记名客户设计营销活动

这是最新的 ABM 模式。采用程序化 ABM 使营销将关注点从传统的个体消费欲望的刺激、培育，以及追踪转向目标客户观念，正好适合针对目标客户进入市场的销售方式，而且，营销也运用同样的目标客户方式支持追加销售、交叉销售、备件销售。

多亏了最新技术，因此这种一对多模式才成为可能，并促成了在数以百计，甚至是成千上万的记名客户中实现精确的目标定位、分析及个性化。凭借基于客户的世界观，营销者可利用程序化 ABM 工具通过社交倾听技术来搜集客户需求，并通过反向 IP 识别技术及信息记录程序发送有针对性的内容，通过购买周期将单个的消费培育与整体的客户发展联系在一起。

只用一个营销者服务几百个客户。程序化 ABM 远远不是营销资源密集型营销方式，远远超过战略性 ABM，或者是精简版 ABM 的覆盖面。

程序化 ABM 可以而且应该与公司的销售覆盖模式协调一致。各个公司运用程序化 ABM 来定位特定的区域（例如横向或者纵向市场）或者其他从整体市场中挑选出来的记名客户群体。他们使用输出战术来接触名单上的某个客户，辅之以呼入提前过滤来培育那些与目标客户相关的客户。

关键指标包括渠道、收益增长及与 ABM 举措直接关联的总收益。

▶ 哪一种类型的 ABM 适合你？

虽然有的公司做 ABM 已经有十多年了，但对大多数公司来说，他们现在仍旧处于这个模式的初期阶段。在信息技术服务营销协会最新的 ABM 调查中[1]，绝大多数公司做 ABM 已经有两年了，也有一些少于两年。他们要么正处于试点阶段，要么处于执行的起始建设阶段。一些公司只搞一种类型的 ABM，通常是战略性 ABM（图 6.3），还有一些公司综合两种类型的 ABM，最常见的是战略性 ABM 与精简版 ABM。越来越多的公司在探索全部三种类型的 ABM（见奥多比公司的案例研究——附录 6.2）。

结合公司走向市场模式的更广阔的背景理解这三种类型的 ABM 后，企业要做的第一个决策是，哪种类型的 ABM，或者是综合哪几种类型的 ABM 能为公司的商业模式及增长目标提供最大支持。

---

[1] ITSMA 目标客户营销抽样调查，2016 年 3 月。

实施的 ABM 类型

类型	比例	汇总
只有战略性	20%	49% 只有一种类型的 ABM
只有精简版 ABM	16%	
只有程序化 ABM	14%	
战略性 ABM 与精简版 ABM	21%	39% 只有两种类型的 ABM
精简版 ABM 与程序化 ABM	13%	
战略性 ABM 与程序化 ABM	6%	
所有三种类型的 ABM	12%	12% 有三种类型的 ABM

% 的受访者 (人数 =88)

图 6.3　目前，极少有营销者实施过全部三种类型的 ABM

资料来自信息技术服务营销协会的目标客户营销抽样调查，2016 年 3 月

注意：差异在统计上极为显著。

◆战略性 ABM 最适合那些销售高价值复杂方案的公司。它最适合顶级客户使用。这些客户极其重要，他们可以成就或者毁掉一个未来的业务。另一种看待此事的方式则是客户的终身价值。你的目标是，要么增加你在一个大钱包中所占的小份额，要么守住你在那个钱包中已经占有的大份额。战略性 ABM 只有被用于那些预算金额巨大的客户才有意义，因为这种模式要占用很多资源。

◆对那些在以下两种情形下销售高价格、高价值方案的公司而言，精简版 ABM 是很好的选择。首先，目标客户大而且具有战略性，但由于各种原因，公司无力以一对一的形式支持客户团队。通常来说，是因为资源短缺或者预算紧张或者是因为销售部门或者高级管理层对此举不认同；其次，目标客户具有二级客户的特点，虽然重要，但不能保证享有顶级客户的投资。

◆程序化 ABM 是为在销售高价值复杂方案的公司里，不能像另两种 ABM 一样享有单独投资的客户准备的。如果那些做低价值销售的公司仍想采用 ABM 的原则来改进活动效果，那么对他们而言，程序化 ABM 是实践中唯一的 ABM 类型。

那些交易量巨大的公司中，程序化 ABM 常用于改善细分市场营销（例如，对诸如零售或者保健业的营销），或者用来大规模定制更加横向的营销活动，例如，品牌或者产品的推广活动。用于程序化营销的技术工具同样也可以在战略性 ABM 及精简版 ABM 举办活动时为其提供战术支持。

决定哪种类型的 ABM 最适合公司的最佳方式，就是与公司的销售战略以及客户管理战略协调一致（表 6.2）。

表 6.2　协调 ABM 与销售战略

销售战略	理想的 ABM 战略	ABM 的缩放战略
为战略性客户或潜在客户指派的客户主管与团队	战略性 ABM	精简版 ABM
客户总监与团队同时管理多个客户	精简版 ABM	程序化 ABM
跨行业或地域的销售覆盖模式	程序化 ABM	细分市场或者大规模定制营销

资料来自信息技术服务营销协会，2016 年

如果公司要以 ABM 模式应对市场，那么其销售覆盖模式不仅应该与 ABM 协调一致，而且还应与你们更广泛的、进入市场的战略协调一致，其中包括与细分市场营销或者产业营销，以及与大规模定制营销计划，诸如公司的能力提升计划与品牌计划，协调一致（图 6.4）。

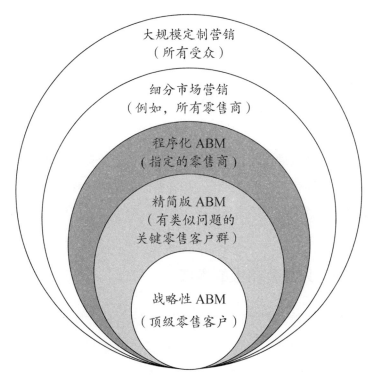

图 6.4 进入市场大战略背景下的 ABM

资料来自信息技术服务营销协会，2016 年

对于 ABM 的五个误解

由于对 ABM 的大肆鼓吹,混淆与误解也不可避免会随之产生。过去十多年来,ITSMA 对此都有所了解,因此,正如花费时间详细解释什么是 ABM 一样,我们同样要致力于澄清什么不是 ABM。

▶ **误解 1:ABM 只是营销上的事情。**

有必要强调,ABM 不仅只是以不同的方式搞营销。ABM 不是一个营销或者销售战术,甚至不是一套战术;这是一个与公司的目标客户建立长期关系的战略。ABM 是一个驱动增长的业务变化举措。它将公司由内及外的组织焦点转变为由外及内,始于客户及其问题与机遇。之后,再返回来看公司能如何帮助客户。

▶ **误解 2:不用搜集客户情报也能成功实施 ABM**

客户情报正是使 ABM 成为"基于客户的"战略的关键,否则,这依旧是那种"四处撒网"式的低效营销。客户情报可以使你处于有利地位来完成下列事情:

- ◆识别并主动利用新机会;
- ◆巩固现有的客户关系并建立新的高层客户关系;
- ◆拓展交往的范围及条件;
- ◆更好地协调营销与销售。

实证研究及间接研究在 ABM 活动中具有重要意义。需要识别业务驱动力以及每一个客户面临的问题，不论是群体问题还是局部问题，这样你才能将客户安置于你自己的客户组合当中，然后，才能制定出定制化的，或者是量身定做的价值主张、思维领导以及活动计划。

▶ 误解 3：ABM 适合每一个客户

ABM 是一项投资，因此，最好用于那些能带来适当投资回报的客户身上。鉴于此，ABM 绝对不适用于所有客户。此外，适用性也随着一个公司采用的不同 ABM 模式而变化。为每一个客户匹配最佳模式的 ABM 极其重要，不论是战略性 ABM，精简版 ABM，还是程序化 ABM。

▶ 误解 4：ABM 是一个单独的营销方案——与其他营销方案水火不容

ABM 并非独自存在。在现实中，ABM 的优势也并非凭空造出来的。与其他群体合作来定制 ABM、使之个性化，并适应其他的方案与有利条件会更加高效，甚至对最具战略性的客户也是如此。很有可能，ABM 客户中的个人会接触到公司各个部门的其他营销团队的外传的，或传入的营销计划，不论它们是产业营销，还是产品营销，或者是现场营销。交叉营销的协调一致至关重要。

▶ 误解 5：战略性 ABM 是另一种形式的客户规划

战略性 ABM 并不取代，反而会促进好的规划的发展。战略性 ABM 应该与你的关键客户管理紧密地协调一致（因此，我们才用一个章节来专门阐述 ABM）。一个关键客户规划充其量运行起来也只是像一个商业计划一样，包括目标、销售对象、定位、配送及服务，但是，这些规划常常缺失一个具体的营销元素。

　　为客户团队提供专业的营销可以帮助他们超越狭隘的操作中心，识别潜在的、可盈利的新机会。营销保障了客户团队在合适的时间有合适的价值主张及合适的内容。营销提供了理解决策者及其影响者的意见，因此，销售人员可以择其所需并做出正确的决策。此外，通过战略性 ABM，营销帮助客户团队确定优先权，并识别"大赌注"以实现他们的销售目标。

让大家齐心协力

最佳的 ABM 方案一开始就会确保每一个人都知道什么是 ABM，为何对此投资，以及它如何运转。预先花一些时间理清杂乱无章的信息至关重要。一定要确保，每一个参与到这项重要的业务增长计划中的股东都理解并对此达成共识，即 ABM 方式能如何支持增长、支持现有客户，及支持新客户的业务目标。

除了 ABM 的基本知识，营销主管们及其他股东们需要努力思考如何将 ABM 的原则与方式运用于他们特定的业务模式、市场环境及销售战略中，才能取得最佳效果。这可能意味着公司会使用一种以上的 ABM，也许有的地方三种 ABM 都能用上，因为营销考虑的是对不同层级客户的投资，以补充销售及业务主管们做的投资。

最后，一旦各个公司已经决定哪一种或者哪几种 ABM 最适合，他们需要投资，并坚持关注营销举措与客户、关注整体销售管理与进程之间的协调一致。对大多数公司而言，ABM 仍属于相当新的模式。一旦最初的热情过后，艰难的跨公司各个部门的持续协同工作才刚刚开始。为了确保完全实现 ABM 的各项收益，继续关注跨营销与销售的综合方案及活动的实施至关重要。与此同时，加大与配送以及客户成功方案的关联，以此来加快增长并将每一个客户的终身价值最大化。

附录 6.1

◆ **案例研究 朱尼珀公司运用战略性 ABM 来创造共同价值**[1]

在本案例中，朱尼珀公司的客户是一家企业连通性及 IT 服务的跨国供应商。云优先生态系统的转向、基于软件定义组网（SDN）的新组网技术，与网络功能虚拟化（NFV）的出现开始瓦解针对企业的联网方案的规定。

而且，经预测，核心产品市场会因为价格侵蚀与市场饱和而衰退。认识到客户面临的困境，朱尼珀认定它的云中央处理单元（CLOUD CPE: 提供虚拟客户场所的设备）方案非常适合帮助客户应对其目前面临的挑战。

这个云中央处理单元机会被认为是客户唯一的、可以获得长期增长的最大机会，而且，它也可以为朱尼珀公司带来业务量的重大变化。然而，现有的销售努力都陷于技术团队中，而且这被视为一个"科学项目"，因此，他们的挑战就是要在客户中引起紧迫感并加快上市的时间。

从一开始，朱尼珀就意识到这个机会与众不同，因为它需要影响与客户相关的更大范围的利益相关者，其中许多利益相关者完全不为朱尼珀所知。许多新的利益相关者在客户内部的产品管理与营销团队中。

这些利益相关者有着不同于技术与运行的传统影响们的挑战。

经决定，与这些利益相关者打交道的理想方式是通过业务来创建方案。将围绕着一系列的研讨会展开，涉及下列议题：

---

[1] 此案例研究是根据朱尼珀给 ITSMA 的 2016 年卓越营销奖提交的报告而进行的，在此次大奖中，他们获得了 ABM 类的钻石奖。

（1）关于市场趋势及商业价值将从哪里产生的看法；

（2）针对客户目标及存在的商业限制，专门为客户设计新的服务；

（3）为提议的新服务中产生的价值建立商业模型；

（4）为产品定义、信息发送及投放市场提供入市支持。

> 从没有其他供应商像朱尼珀公司这样，为我们提供过类似的模式：从商业的视角来分析那个领域真的很有意义。
>
> **朱尼珀公司的客户业务拓展副总裁**

这种独特的业务创建方案方式，用朱尼珀的另一个客户的话来总结十分恰当：

活动一开始，一个跨职能团队就组建起来了，其中包括销售团队、来自朱尼珀的客户总建筑师、ABM领导及公司管理层的其他营销专家。通力合作后，关键影响者被确定出来，并基于对朱尼珀方案目前的理解对这些影响者予以评分。

经与客户在技术领域讨论后，发现产品管理团队还是缺乏必要的紧迫感去找出对新业务的新兴需求。朱尼珀公司制定了业务创建方案，以此来凝聚共识，即市场已经破坏，客户需要有一种紧迫感来启动新的方案。

朱尼珀公司在客户公司的产品管理机构里与关键的利益相关者联络了几次，以树立意识并推销通过系列研讨会加入业务创建方案的理念。大约半年以后，已经可以建立共识，接着就举行了系列研讨会。

在研讨会上，朱尼珀公司突出了与其他技术供应商之间现存的互通性，这些供应商也需要成为方案的一部分。由竞争者为其客户部署的类似方案也经常被引用，以阐明这个理念，即，市场已经陷于混乱，技术已经足够成熟，可以行动了。

在与客户成功举办一系列研讨会之后，朱尼珀公司确认了五个想要引入市场的新业务。五个业务中有四个可能很大程度上要用到朱尼珀公司的技术。接着，这些业务又被简化成一个新方案，通过综合了多方供应环境下的许多方案而得出。

朱尼珀公司制作了一个新方案的样本先演示给客户的首席执行官看，然后再用它去影响其他高管。同一个演示样本被朱尼珀公司的客户在外部事件中展示。该客户目前正处于技术供应商的最终评估阶段，预期在接下来几个月里将一项业务投放市场。

附录 6.2

> ◆ **案例研究　奥多比大规模运用 ABM 来加快增长**[1]
>
> 2012年，奥多比认识到业务环境的数字化转变将会影响到创意人员、资料管理者、技术人员，以及营销者合作的方式，以实现更好的客户体验，即在理想的时间将相关的信息通过合适的渠道传送到合适的人那里。为了应对这个变化，并将奥多比定位成为客户实现此目标的最佳伙伴，奥多比设立了一个目标来改变其营销与销售模式，将原来销售单个产品的模式变为一个以客户为中心的 ABM 模式，致力于研发、销售并实施完全综合的数字化营销平台方案。
>
> 奥多比的 ABM 方案目标包括：
>
> 为奥多比的客户带来更大的价值，其方式有两种：一个是提供使他们能高效、有效地工作，以及创造性地工作的方案；另一个是创立一个同行群，以便能通过学习交流加强他们的努力。
>
> 增强奥多比对客户们的理解，预先判断他们的需求，制定出更高效的方案与流程来应对这些需求，从而扩大市场份额/增加销售。
>
> 引入新产品、创意与流程以推进整个数字化营销领域。
>
> 2013年，奥多比对一个目标群体，奥多比的战略客户展开了一个基于 ABM 的营销模式。这个方案需要进行彻底的改变，包括新视野与目标、实现跨部门合作的重组、广泛的内部与外部教育、改进流程与实践的创新团队、酬劳分配与衡量成果的新指标，等等。
>
> ---
>
> [1] 此案例研究是根据奥多比给 ITSMA 的 2016 年卓越营销奖提交的报告而进行的，在此次大奖中，他们获得了 ABM 类的金奖。

位于奥多比ABM模式核心位置的是一个以客户为中心的、跨公司的、涉及企业各部门的团队，该团队致力于实现客户的成功。各个组成团队包括产品研发团队、营销与销售团队、系统集成、用户支持与培训团队，以及财务团队与法律顾问。奥多比只用一个客户经理来支持客户。该客户经理负责利用奥多比所有资源的合力将客户通过使用奥多比方案取得的成果最大化。

奥多比还让其营销业务部修补数据报告，以包含全部的数据分析、建模及可视化。凭借使用频繁的、准确度颇高的而且易于评估的对销售与营销效能的反馈。奥多比在其ABM模式中可能更加具有战略性、更灵敏并且更成功。

奥多比还展开了一个对100+营销活动的充分补充，包括从一对一接洽、一对几媒介，到一对多方案，等等，不一而足。这些举措产生了更大的效应，并在奥多比与其客户之间，以及在战略客户群成员中间建立了有价值的关系。

鉴于其可汇聚于一个综合平台方案的产品的广度，奥多比在行业中处于一个独特的地位，并引领基于ABM的模式。该方案的实施强调以下几点：

致力于以客户为中心的方案（着眼于共同成功）；

产业洞察力与视野（精明的战略家与领导人）；

愿意快速行动（雷厉风行的做法与雄心勃勃的目标）；

重新调整公司资源与流程（坚实的执行计划）；

灵活机敏（员工能迎接变化与挑战）；

监控并衡量结果（创造性的分析与严谨的报告）；

致力于持续改进（标杆管理、检测、调整）。

与公司的使命协调一致（提供方案使每一个人——从冉冉升起的艺

术家到全球品牌——能赋予数字化创造以生命,并在合适的时刻将其发送给合适的人选,以获得最佳结果)。

2013—2016 年,奥多比在销售、市场份额与客户满意度上取得了显著的改善:

2013—2015 年,平均每个客户方案实现了 20% 的增长;

2013—2015 年,客户满意度提高了 20%;

2013—2015 年,钱包份额上升了 30%;

在交易规模排名前 20 的交易中,奥多比交易所占的百分比上升了 80%;

2015 年的保留率/更新率上升了 90%;

2013—2015 年,收益增长了 1 400%;

保留率与更新率平均达 90%。

奥多比创造性的营销方案正被视为标准,并扩大开展到奥多比公司内部更为广泛的团队中,从而为在将来几年里惠及奥多比全球范围的同行及客户打下基础。随着向新业务模式的转变,奥多比也提高了行业的门槛,引入了更加定制化的、有效而且高效的经商方式。凭借此方式,奥多比的努力足以推进数字化营销、数字化媒体,以及数字化通信领域。

附录 6.3

> ◆ **案例研究　富士通运用战略性 ABM 加快增长**
>
> 　　富士通在欧洲媒体界丝毫不引人注意，因此，当一家世界最大的广播公司暗示要反思其 IT 服务条款时，这既代表了一个巨大的机会，也是一个极大的挑战。
>
> 　　富士通与该广播公司的关系是最低限度的，而且仅限于技术团队。广播公司的高管们不了解富士通在媒体界的品牌知名度、专业性与创新性。富士通的挑战就是要创造出一个"不容错过的"故事，以赢得注意力份额，并瓦解目前的关系。
>
> 　　一切从头开始，富士通需要具备：
>
> 　　洞察力——搜集情报以便对该广播公司有一个整体认识；建立 100 多个新联系人，并且每一个人都明白他们要发挥的作用。
>
> 　　传递消息——协调富士通的价值与该广播公司关键的数字化主题。
>
> 　　沟通——一套专门为该广播公司打造的内容、思维引导与活动，并且通过最适合的渠道传递过去。
>
> 　　机会——通过竞标营销支持来加快即时性销售的速度。
>
> 　　此外，最重要的是团队建设，以及确保销售与营销部门能够通力合作。
>
> 　　只有引入 ABM 战略来应对挑战，富士通才能够对该广播公司有细致入微的了解，而不仅只是了解市场领域，或者确切地说，仅了解特定机构，ABM 试图了解在客户组织内部真正重要的人物。

富士通找出了关键的决策者，这些人能使其越过技术与网络团队，直接与高级管理层或者非常重要的管理委员会打交道，他们充当广播公司与政策制定者之间的中间人。如果不先认定关键的利益相关者们以及他们的需求，那么就不可能进行战略对话。

富士通将销售、营销及客户管理团队团结起来，为一共同的目标努力。通过了解客户的环境，营销可以通过跟社交媒体活动的现场对话，来更好地支持销售。

通过支持销售团队对三个主要改造项目的投标前工作及投标工作，富士通确立了建立广播公司的长期战略目标并促进了立即性销售机会。

由于真知灼见与消息的传递，三个投标对策为一套共同主题结合在一起。这是以一个反映该广播公司数字化目标的视觉设计为支持，并且强化了更广阔的战略信息。这样的模式为富士通开创了一块新的领地。

之后，富士通为该广播公司实施了一个更广泛的ABM战略。通过结合案头研究、市场分析与境内客户研讨，他们深深潜入该广播公司内部，以便对其主要功能、痛点及战略有个总体认识。

富士通针对客户开展了个性化的活动及沟通，并支持了ABM活动的信息发送。他们通过推特、领英以及公司博客等途径增加了社交活动次数，使团队的主要成员有机会针对有关广播公司最为关切的主题发表意见，同时，也增加了他们的行业资历。

除数字化的沟通外，富士通还找出一些广播公司的核心人物都会出席的相关的行业活动，并有针对性地参与。这些活动给富士通团队稀有的机会与广播公司的高级决策者见面，并开启了后续对话之门。为学徒与大学毕业生主办的人才招聘会有助于突出广播公司与富士通共同的品牌价值。富士通支持客户的企业社会责任（CSR）倡议，积极参与提供技术支持，并作为商业赞助商来帮助实现这些倡议。

ABM活动帮助富士通在与客户签订的框架协议中赢得了一席之地，并且富士通目前还被视为战略供应商，而且，富士通还被列入两个未来交易的候选人名单。富士通从以前不为客户所知的地位发展到目前，建立了重要的关系而且高层之间会定期举行会谈。这个活动的成功证明，如果营销与销售协调一致，那么就会产生重大的结果。

第七章

关键客户管理所需的人员与技巧

关键客户经理的作用跨越了业务的职能界限。在其团队的全力支持下，关键客户经理不仅要对其客户要有深入了解，还要对自己公司的流程与能力有细致的了解，这样才能代表公司做出并履行承诺。关键客户经理需要掌握的技能组合不同于其他专业销售人员，由于其跨职能边界的角色性质，因此设计合适的而且足够广泛的训练与发展项目仍旧是个挑战。

信任是一个支撑关键客户管理模式的砥柱；组织间的信任是可持续关系的基础，并且可能是决定成功的长期效果的关键因素。以信任作为KAM长期成功的中心，供应商必须使组织协调起来支持关键客户经理。由大团队实现承诺是关键客户经理能够代表其雇主履行诺言的根本。

达伦·贝利

登士柏西诺德的商务总监

20世纪八九十年代，拥有成熟的关键客户的成熟的大公司经历了演变。那些高级的专业销售人员以前接受的培训都是以敌对方式一笔一笔处理交易，在当时，他们又受到再培训。采购业的人士声称，说服供应商真正采用更具战略性的方式赢得并保持住客户是负责任之举。本书的作者们在20世纪90年代曾做过一些研究，包括对一些销售经理、关键客户经理，及采购决策者进行访谈。显然，原先基于交易的销售已经向关系管理方面发生某种变化，采购的专业化是其中一个关键因素。

采购曾经是服务于技术决策者的一个行政职能。例如，在IT领域，供应商要极力拉拢数据处理经理，因为其要向采购部门指定他们的品牌选择。其中的部分原因是市场逐步全球化，新的货源出现了，而且还更便宜，但这也带来了新的风险；还有一部分原因是，诸如英国特许采购与供应学会这样的专业机构的成功游说。凭借强大的实力及思想领导者地位，采购经理们吸引了董事会的注意。他们可以交付急需的钱款，但也需要有更大的能力来管理供应商，例如，战略资源。我们不想对那些有先见之明的供应商表现出不敬，因为他们开拓了与其客户的更具战略性的关系，但许多的公司还在奋力将与关键客户的关系转变为伙伴关系。我们也不应回避这个事实，即在21世纪，有人担忧专业采购者们的权力已具有破坏性。失衡的供应链应该遵从链上各方的需求。链上实力最强大的玩家们疯狂追求节约成本可能会适得其反。航空领域某个大品牌总热衷于给供应商找别扭，结果那些供应商想出法子越过他们原本的战略性关键客户，而直接销售给航空公司。

有一个过去艰难度日的情形，是从一个大制造公司采购经理的视角来讲述的。

◆ **案例研究　达恩利公共有限公司的采购改革**

　　达恩利公司只有三种核心原材料，需要的数量与质量始终如一，并且要定期配送。这个要求似乎并不算高。虽然这家公司不是一个大企业，但它维持着相当高的城镇的就业率。过去，达恩利有三家供应商为其提供其中一种原材料，但这还是不行。其所供应的材料被视为商品，质量有微小差异，但足以在终端产品上造成问题。他们发现按时收货也可能会有问题。一个供应商的一辆货车出故障了，却根本没有想到要告诉他们。当然，运营部经理指望着能按时交货，因为制造业的停工是极其昂贵的。采购经理乔·西姆斯评论道："似乎没有人对我们的产品、我们的工厂及生产流程有兴趣。虽然供应商把自己商品化了，但他们的服务却还是没有任何区别。"

　　于是，达恩利决定出去安排一个唯一供货源的投标。这是一种巨大的冒险。这个冒险，它应该确保供应安全，但如果该供应商发生意外，就很难换成其他人了。乔·西姆斯制定了一个应急方案，由另一个供应商提供一小部分的原材料，这只是以防万一，但是他觉得应该有供应商能够为供应问题制定应急方案，这才会让他消除顾虑。"我们要找的是一个专业的合作伙伴，"乔解释道，"供应商能管理为我们厂供应的库存产品，并在需要补充的时候予以配送。"供应商必须确保始终如一的产品等级。这是一种原材料，其价格是波动的，因此，我们当时想设定一些参数将每年的价格稳定下来，持续三年时间。起初，看起来似乎付出的太多了，但随着时间的推移，就抵消了。我们希望接触相关的技术联络人，以及对公司业务感兴趣的客户经理。例如，若想要降低工厂的排放量，则需要通过各个供应商的合作才能帮我们做到这点。

　　达恩利带着这些要求去招标。三家可能的供应商进入候选名单。乔·西姆斯觉得"'关键客户'中只有一个能明白我们要的是什么"，而那

> 个关键客户经理却是来自那个负责达恩利最小一部分业务的供应商。那个供应商从占据达恩利开销的百分之几一直发展到 90% 以上。当然，他们在资金与人员上得做好长期的保障，但这带来的好处对供应商与客户来说，都是值得的。

然而，事情的发展并非全是单向的。我们的一位校友最近评论道，他认识的一个颇具战略头脑的采购总监在业务中断几年后又去找一家公司，结果大失所望，那家公司依旧只是事务性地对待关键供应商。

关键客户经理的出现

20世纪90年代，在专业采购人士中最受诟病，并且至今依然如故的一件事情，就是供应商指派给他们的客户经理没有足够的技能支撑他们的业务，以及要实现的目标。不幸的是，许多客户经理被视为会说话的宣传册与办公室文员，他们白拿了那么高的薪水。采购者曾期待销售人员就像他们一样，也应该从一个战术性行业转变为战略性的。他们有诸如特许采购与供应学会团契这样的行业资格认证，其中，有一些人还有供应链管理方面的硕士学位，再加上他们的工作经历，而供应商给他们派来的销售人员却只是接受过产品系列的培训，但对如何使用这些产品却一无所知。有一些受过训练的人还能问出些有水平的问题，但这也只是浪费时间，因为在网上很容易就实现信息交换。

因此，一些大公司开始培训销售人员的KAM技能，这包括价值描绘、商业案例、建立伙伴关系以及团队领导。关键客户经理要赢得客户公司上上下下对他的可信度。对目前员工的再培训可能会花费相当长时间与大量金钱。一些销售人员非常欢迎新的技能组合，另一些却对此持怀疑态度，还有一些虽热心学习却总是掌握不了。如果一个公司有很广泛的客户组合，那么这些都不是问题，销售人员可以重新部署给非关键客户，在那里他们特定的技能组合可能有用武之地。鉴于销售人员的流通量可能远高于其他专业职能，可能会需要招募具有关键客户要求的技能与特点的人员，然而，要根据关键客户经理这样复杂的用人规范招募，绝非易事。"理想的"关键客户经理见表7.1，其中阐明了赋予这个角色的所有期望值。

> 由于需要具备各种不同的技能，因此关键客户经理需要持续地发展。这不会是一种静止不前的职业。

表 7.1 "理想的"关键客户经理

	品牌大使：公司品牌价值的化身	跨边界者：能从不同视角看事情	价值创造者：从供应商-客户伙伴关系出发为实现收益开启新机会	执行者：能为供应商与客户产生重大结果一直坚持设计到底
人际能力	高质量的口头与书面沟通	在客户公司与自己的机构内交流；善于倾听	双赢谈判；情况介绍	领导能力与影响
思考能力	战略性的长远视野	从客户视角分析问题，理解客户体验/使用价值	产生新创意	关注细节
技术能力	娴熟使用线上与移动式通信及信息工具	各种语言；价值筹划	设计新方案的能力；有良好的财务基本知识，例如，成本计算	项目管理；团队资源配置
学科知识	产业知识	了解客户与供应链	了解公司的能力及该如何应用这些能力	具有伦理/法律意识
个人素质	可信度；廉正	跨文化理解力；受欢迎程度	创造力；灵活性	顺应力；坚持不懈

资料源自麦克唐纳，罗杰斯与伍德伯恩（2000）与 B. 罗杰斯的教学材料

在早期的研究中,我们曾问过采购决策者们,关键客户经理的最重要的技能或者特质是什么(如图 7.1 所示)。压倒性的答案是诚实靠谱。在和关键客户经理们讨论这点时,有些经理想到他们的客户不认可他们的诚实就感到气愤。客户并不是想当然地就认为关键客户经理可能不诚实,但关键客户经理需要在一些事上持续地表现出这点,小事情上比如说按时见面,大事上则要确保关键客户的特殊送货安排正常无误。有时,客户决策者们记住的是一些个人的事情,例如,关键客户经理夜里亲自开车来送一个关键部件。坊间有很多关于关键客户经理本人为其客户特别尽心尽力的轶事,包括与子公司的人在战区见面,与政府部门谈判,要求海关立即放行一些部件等。

图 7.1　关键客户经理最重要的特质是什么?

后续的研究显示,理解客户的战略与运营的能力,以及运用他们公司的产品、服务及能力来帮助客户取得成功的能力,这是使最佳关键客户经理能脱颖而出的技能,这常被称为"共同创造价值",因为在设计过程中常需要客户参与。这绝非易事,但这也是可以传授的。更精密的关键客户管理方案会提供工具和技能以帮助实现这个目标。

> 当然，客户会坚持认为他们不想"被销售"——因此，关键客户经理需要掌握技巧以避免冲突。
>
> 史蒂夫·杰克逊
> 一家全球制造与服务公司的业务拓展部经理

由于需要具备各种不同的技能，因此关键客户经理需要持续发展。这不会是一种静止不前的职业。没有人生来就是完美的关键客户经理，每个人需要制定不同的发展规划方案。

当各公司将他们与战略客户的关系转变成更加长远的关系时，所做的第一件事就是指派关键客户经理，但是投资不能到此为止。客户们可能会问——客户经理如果在公司其他部门什么权力都没有，就算工作再杰出又有什么用？

> 据我们的经验，一个关键客户管理学院必须将客户管理及销售培训带上更高层次。
>
> 谈判、规划及关系管理的基本技能是肯定要有的。一些关键客户经理能够驱动方案取得极大成功是因为他们具有优势，他们思考、规划、创新并且领导各个跨部门的团队，而且能促成战略变化，这是取得年复一年的持续的成果所必需的。今天，通过市场上关键客户管理学院的成功培训，关键客户经理已成为名正言顺的行政主管，他们管理着自己的客户组合，分配着各个资源以便在客户群中建立牢固的伙伴关系。这不可能只是一系列的课堂练习，而是持续的思考规划与现实干预。这些都教育了领导者，并对他们达到自己人生与职业生涯的新层次发起挑战。
>
> 莉兹·马赫廷格
> 客户至上的合伙人

关键客户团队

不是每一个业务关系都需要一个人掌握所有技能与特质的组合，为关键客户配备一个团队是审慎之举。关键客户团队的组建方式在各个公司之间不尽相同。对快速消费品（FMCG）供应商这样的公司，大的零售连锁店是其主要客户，可能会有200多人直接参与服务一个国际客户。这些人可能在各个不同部门工作，诸如推销、物流、财务、研发、项目管理、信息系统、运营或者营销部门。在这么大的业务中，全球客户经理就像是一个大乐队的指挥。关键客户团队的管理与领导技能会使对技术能力的需求无关紧要，因为这可以由团队里的其他成员提供。

对于一个关键客户团队的成员来讲，生活未必轻松惬意。举例来说，西班牙有一个财务文员为一个关键客户服务，该客户是一家美国公司法国的子公司所有的。总公司的财务总监要求，所有的财务文员将财务廉洁视为对公司的第一要务，而西班牙的区域经理却要财务文员保证，西班牙业务的正向现金流是他或者她要优先考虑的事情。接着又有关键客户经理，他希望为法属的关键客户做一单国际交易，这又牵涉延长在各个国家的信用期限。尽管这些指令相互矛盾，财务文员却被要求务必达成此条件。即使这个关键客户提出给予更大的货架空间作为回报，但由于另一个选择就是减小货架空间，因此也很难做到。要一个职场中的人去应对"角色不明"，也就是说，被要求去做一些看起来相互矛盾的事情，是强人所难（图7.2）。正因如此，在研究中指出，在各个关键客户团队中，"团队精神"极其重要。在大公司创造出一种文化，让处于不同时区、来自不同文化和在不同职能部门工作的人们，都认为自己是代表公司战略的重要合作使命的一部分，很难做到，但为了实施与关键客户共同达成的业务规划，必须创造出这种文化来。

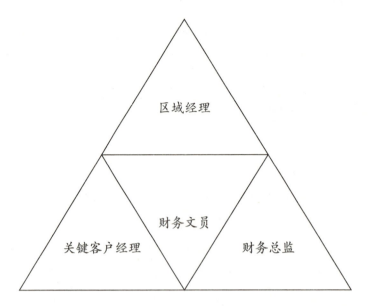

图 7.2 财务文员的两难境地——三个老板，三个矛盾的目标

资料源自 B. 罗杰斯在朴次茅斯商学院的教学材料

在一个小公司中，支持关键客户的团队可以非常灵活。虽然在很小的机构里也会产生两败俱伤的竞争，但通常来说，小公司的职员们更易于在任何项目或者关系中看到"全局"，并且能克服部门利益来支持公司的总体目标。小公司里更易于沟通，而且各团队的组建与变化相当快。由于客户的利益总是随着时间而变化，因此，团队成员身份的灵活性可能是有利的。要确保团队中有合适的技能组合，而且必须要注意团队分工，这点很重要（表 7.2）。在关键客户团队中最重要的团队支持角色是项目经理，就是那个保障客户规划得以执行的人。客户会期望客户经理是个"点子大王"——但这往往与一个"实干的人"不太兼容。

> 数据显示，顶级管理层参与到关键客户管理中与其获得成功，二者之间有一个极大的正相关。
>
> 沃克曼，洪堡与詹森（2003：16）

表 7.2　关键客户团队角色

角色	描述	主要职能
侦探	愿意去获取信息及外部看法	研发
啦啦队长	帮助团队树立团队精神	高级经理
协调人	帮助分配任务	人力资源
出主意的人	独特的创新思想家	应该是关键客户经理
诤友	富逻辑性的人,他能确保团队完满交差	运营/财务
专家(们)	对目前关系到客户的某个事物有深入了解	各种各样
驱动者	为完成事情提供能量	各种各样
项目经理	接受规划并想出执行规划的办法	项目管理
润饰者	注意细节	运营/财务

资料源自贝尔宾(1993)

读者可能会注意到,高级经理就是一个典型的关键客户团队的一部分。在几个研究中,这都与成功相关联。高级经理为团队花时间,向团队成员传递出清晰的信号,这是公司的一个重要部分,同时,也给客户传递出清晰信号,即客户对这个供应商具有战略意义。实际上,研究者曾试图了解团队开销中的额外部分有多大程度上是归功于团队中这个高层主管的赞助,这点意义重大。高级经理的时间投入是有回报的。在大公司里,我们注意到,除了单个的高级经理充当特别客户的董事会赞助者外,董事会里还有一个小组委员会,其成员每月会与关键客户经理们见面。

如果董事会认为战略客户们对公司的成功至关重要,那么他们就需要创造出合适的文化,让关键客户管理得以维持。这意味着不仅要说到,更要说到做到。这也意味着参加一个跨公司各部门的长期投资项目,关键客户管理的进展如图 7.3 中所示。关键客户管理发展的每一个阶段可能会花两年时间来完成。

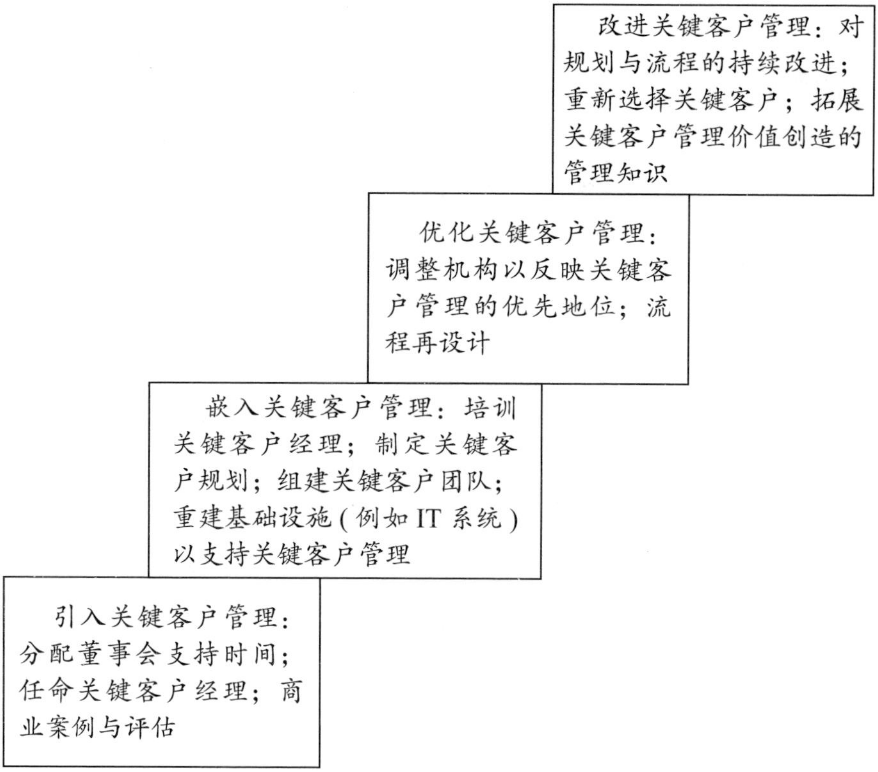

```
改进关键客户管理：对
规划与流程的持续改进；
重新选择关键客户；拓展
关键客户管理价值创造的
管理知识

        优化关键客户管理：
        调整机构以反映关键客
        户管理的优先地位；流
        程再设计

    嵌入关键客户管理：培训
    关键客户经理；制定关键客
    户规划；组建关键客户团队；
    重建基础设施（例如 IT 系统）
    以支持关键客户管理

引入关键客户管理：
分配董事会支持时间；
任命关键客户经理；商
业案例与评估
```

图 7.3　关键客户管理的进展

资料源自戴维斯与瑞尔斯 (2009)

要快速实现完全变化需要更大的投资，并承担相当大的风险，然而，一个习惯于关键客户管理模式的全球客户可能会要求与它合作的小公司快速实现关键客户管理的各项进展。

资源配置决策

图7.2中，在实施关键客户管理时要做许多的资源配置决策。有重新部署与流程再设计。要完成这些事情可能经常需要外部的帮助。其中一个最大的资源配置决策涉及关键客户经理这个角色。这应该是重新部署的某个人吗？还是应该从公开市场招募一个人？或者，可以将它外包出去吗？

有许多招聘关键客户经理的广告，其薪水与福利大不相同。据说，最具战略性客户的关键客户经理是公司里除了行政主管之外最重要的人。不可避免，大品牌在雇主市场总是最引人注目，因此总有最多的申请者，小一些的公司很难与之竞争。专业销售技能，尤其是更高级的角色应具有的技能，供不应求。即便是在经济萧条时期的顶峰，政府调查也发现，雇主报告很难招募到客户经理。那么，可以做些什么呢？一家制药领域中等规模的公司决定接洽一个签约销售机构去寻找并雇用一个代表他们公司的客户经理。最终，在所有的资源配置决策中，高级经理必须在从内部开发一个资源与从另一个机构购买这个资源之间权衡利弊。

很难想象怎样外包关键客户管理。毕竟，战略性客户对供应商极具价值，他们当然希望供应商会专门雇用一个人直接为他们服务。当然，做决策时要考虑到声誉风险，但见表7.3，这也要与其他因素一起权衡考虑的。

表7.3 关于用户接口是使用自制的还是购进的决策阶段

第一阶段	第二阶段	第三阶段	结果
成本	声誉风险	供给市场	内部重新部署
招募技能		管理能力	部分外包 完全外包
灵活性			

资料源自罗杰斯与罗德里戈 (2015)

在任何资源配置决策中，决策者们都要考虑成本。尤其是在 B2B 销售模式中，只有成本领先者似乎才会将它看作是加权系数最大的因素。而实现机会所需要的技能更加重要，并且常常会导致决策者更倾向于招募新人员。机会可能具有不确定性，因此，灵活性也是第一阶段要考虑的因素。资源配置模式也许要快速转变。风险越大，就越有可能花太长时间重新部署或者招募新人，此过程就变得遥遥无期，因此，如果必须考虑灵活性的话，可以采用短期外包形式。

表 7.3 中过程的下一个阶段要考虑声誉风险。这件事会破坏客户关系吗？这是竞争对手们做的事吗？或者，如果采用这种方式，那么我们会在市场上显得不那么以客户为中心吗？通常，供应商觉得雇人来做要比外包风险性小，但其实"雇人不当"的成本也是相当大的。在消费者市场就曾有过关于外包销售与客户服务的负面宣传，但是，在公司对公司与公司对政府的市场上，有一些非常专业的签约销售机构。

第三个阶段引入了许多公司都叫不上名称的实际因素。首先，应该如何对比供给市场？在一些领域或者地域很难找到好的签约销售机构，而且在公开招募市场，要找到一个卓越的关键客户经理既昂贵又困难。哪一个是次要的问题？最后，我们是否擅长管理那些对用户接口技术熟练的专业人员？我们知道如何对待他们并留住他们吗？销售人员常常说要离开他们的经理，而不是离开他们的工作。如果公司管理关键客户经理的经验极少，或者要培训该技能花费太高，那么也许把这件难事儿交给专业公司来做才是明智之举。正是这两个因素经常决定中小公司能做什么，以及一些公司为何决定外包。如果一个签约销售机构雇用的关键客户经理可能会对你的品牌非常尽心尽力，那么他会是一位很好的品牌大使。一个双赢的折中做法可能是那种"从临时过渡到终身"的安排。慢慢地随着时间推移，通过这样的安排，签约的关键客户经理可以签约并永久加入公司。

招募新人、挑选与入职

就关键客户管理而言，资源配置决策的结果通常是"招募新人"。想做这件事有很多方法，有的方法很妙，有的方法则差强人意。许多公司会在广告中插入限制性非常强的话语，诸如"必须具有 10 年销售豪华车型自动变速器的经验"。如果你想将你的直接竞争对手的客户经理挖走，那么审慎的做法是使用猎头来做，而不是登广告。如果只有个别人可能符合条件的话，那么登广告的费用就很不划算，但要当心，不要想着别人有什么，你同样也要拥有。业内的趋同思维会压制创新。这会破坏劳动力的多元化，而此种多元化通常与较好的公司业绩及其社会责任相关联。这会促使那类比较抢手的关键客户经理在各个雇主之间脚踩几只船，造成雇主们非正常地跟风涨工资。

选拔特殊人才时要不拘一格才是明智之举。并非所有的关键客户经理都有一个销售背景。在制造公司，一些工程师常常转换成关键客户管理的角色，但一些会计师、营销者及运营专家也可能担负起这个职责。有人争辩，所有人选中最难让习惯于做事务性交易的销售人员来做关键客户经理。因为这个职责要求具有各种技能。对这些人而言，培训投资极其重要，因为他们需要具备长期作战的心态及拓展更多的思维技巧。

▶ 登广告招聘关键客户经理

广告应该精确。几乎没有广告谈及为确保某个关键客户能在同一集团各个公司之间，或者跨国界各个公司之间享有一致的业务条款，需要进行长时间的内部政策谈判。具有讽刺意味的是，客户最看重的就是关键客户经理在其公司内部为提升客户的利益而花费的时间。关键客户经理的内部关系网与其为客户实现成果的能力之间有关联性，因此，如果开发内部关系很重要，那么广告就不应该造成这样的印象，即这个工作只是关乎与客户建立关系。

对于公司地位的准确描述也是明智的。申请者们可以在玻璃门这样的网站上观察目前的职员如何看待你的条款与条件，以及管理素质，或者，他们也可以利用领英网站上的联系人来评估一个潜在的雇主。当然，雇主们也可以搜索一个潜在雇员的线上简介，将其与他们提交的简历进行对比。

▶ 挑选关键客户经理

选择是一个双向过程。雇主应该采用一个有意义且公平的方式来决定最后的候选人，但是候选者们也会有一些选择潜在雇主的标准。在当今跨业公司、组合型职业当道的时代，专业人士有自己的个人品牌。他们的个人品牌与公司品牌适合吗？这是选择谈判的一部分。现在，大部分高级职员的任命都要经过场景活动的考核以及面试考核。这些场景可能更具有启示性，尤其是，当有大量能够提供对候选人反馈意见的人参与时。如果场景很难或者很昂贵，那么线上评估中心也可以提供帮助。人们对采用心理测试还有争议，但它也能起点作用。研究显示，如果要将成功最大化，那么关键客户经理需要外向、认真尽职并且待人友好（马赫拉玛基、乌西塔洛与米考拉，2014），但这对大多数直接与客户打交道的职责来说都是适用的。

在挑选的全程，要坦率并做好详细的笔记。除了给不成功的候选者以明智的反馈外，这些笔记还可以成功的候选者入职时用上。

关键客户经理入职

> 如果最有价值的新员工第一天上班时面对着一张脏乎乎的办公桌，而且笔记本电脑还仍旧"在订购中"，那么这无疑会让他们对自己所见感到惊愕。

我们都很熟悉"买主懊悔"这个表述。这是一个客户做了一项大采购后突然意识到他们已经交了一大笔钱，而对产品的价值却如此不确定时产生的一种心理。在换工作的时候也能观察到这种心理。招募新人时有一个公认的风险是，当那个明星职员递交辞呈的时候，他们的现任雇主会给他们提供更好的待遇。高级的岗位也会因其他许多原因被拒。诸如，重新安家让生活不稳定，或者候选人对新同事感觉别扭，原因甚至还可能是关键客户自己。虽然新人可能也很乐观，但正是在从接受一个工作到开始工作期间的这段时间最让他们感觉紧张。保持联系很重要，确保迎接他们到来的准备工作在扎实地展开绝对很重要。如果当最有价值的新员工第一天上班时面对着一张脏乎乎的办公桌，而且他们的笔记本电脑还仍旧"在订购中"，那么这无疑会让他们对自己所见感到惊愕。

新关键客户经理在短期内要掌握大量新知识，由于经理们很少有时间为他们做合理的"入职"规划，因此表 7.4 可以成为有用指南。

我们的一位校友觉得这个"告知、欢迎、指导"模式是一个很有用的模式，它描绘出新的关键客户经理如何获得他们在入职头几周需要掌握的知识。对一个关键客户经理的麻烦之处就在于，他或者她不仅需要了解新雇主，而且还要了解新的关键客户的方方面面。毫不奇怪，一些大老板会被组织起来传授关于政策、业务结构等方面的干巴巴的知识，却忽略了让某个人感觉受到欢迎，以及为他呈现公司让人轻松愉快的某个方面的重要性。尽快让某人感觉在公司里"轻松自在"极其重要——这会加快入职过程并提高生产力。就关键客户经理而言，能够让客户公司里的联络人所接受，对于他们是否有意留下也至关重要。关键人员的变更也是客户四处寻找替代供应商的理由，因此，应务必使他们安心，相信新人会比其前任更出色。

表 7.4 新关键客户经理入职培训

	内部			关键客户
	告知	欢迎	指导	高级经理向新人简要介绍他/她并介绍给关键客户
公司文化方面的情况（行话、术语、历史、流言等）	经理所做的工作要求与任务简介	由同事在开会或者社交场合时传递	反馈环节	与关键客户进行非正式谈论
任务	文件与培训			关键客户规划
产品/服务知识	分配高级导师	介绍	积极让新人融入项目组中	文件与培训
工作关系		诸如茶歇这样的社交场合	指派"伙伴"以帮助建立关系	关键客户团队/客户的主要联络人的移交
社会关系			通常由导师传授者伙伴以解释	由客户团队/客户的核心成员或者伙伴促成
政治				由客户团队/客户的核心成员或者伙伴予以解释
政策	线上培训与简报	人力资源/其他部门的正式入职培训	同事分享的应用实例	文档（知识管理系统方面的）
架构	机构图	人力资源/其他部门的正式入职培训		文档（知识管理系统方面的）
业绩标准	经理所做的工作要求与任务简介		反馈环节	客户规划
公司目标与战略	培训与简报	人力资源/其他部门的正式入职培训	同事分享的应用实例	客户规划

资料源自克莱因与霍伊泽尔（2008）

整体情况

实施关键客户管理方案涉及许多组织架构上的变化。等你到达关键节点时,也许方案又该重新整合了。目前,我们已经在本章叙述中又返回去讨论了几个主题。在继续讨论国际化之前,表 7.5 为我们概括了关键客户管理方案的所有成功因素。

关键客户管理价格高昂。这个商业模式需要在人员、基础设施及流程上投资,但最大的投资是人力。就目前的员工改编进入客户团队的同时,对客户经理日渐增长的要求意味着,这个职责会受到雇主与客户最严厉的审查。本章概述了这个职责的性质以及该如何履行这个职责。另外,我们还讨论了关键客户团队的组成以及应该如何进行资源配置。自从达恩利公司的采购经理抱怨只有一个关键客户经理明白他想要什么以来,情况已经改进了许多,但是门槛也在持续提高。

思考

审视你的关键客户团队的组成。相关岗位都齐全了吗?谁是高级管理层支持者?你应如何改进他们的参与程度?

审视你如何做资源配置决策。所有因素都考虑到了吗?

审视你的招聘过程——它是否坚持到挑选与入职阶段?

表 7.5 关键客户管理方案中的成功因素概括

战略	共同价值观	风格	制度	员工	技能
确定共同创造价值的理念 为入选的关键客户制定长期前景展望 正确选择关键客户 为关键客户分配资源 管理关键客户中存在的风险 平衡客户组合	团队合作 客户重心 创新	分担的 协商的 容忍失败 转接型学习	团队绩效目标与奖励（短期与长期） 跨部门培训与辅导 工作灵活性 市场感知与针对特定客户的研究 客户盈利性分析 客户规划与预算 价值分析	跨部门团队 高级管理人员作为团队（或）关键客户的成员	产生创意 财务敏感性 制定战略 产业知识 谈判 介绍情况 沟通 过程描述 重新设计供应网 领导能力 项目管理 伦理

资料源自古恩苏与斯托巴卡 (2015)

第八章

随着关键客户走向全球化

全球化始于20世纪80年代末。作为这个过程的一部分，一些大的跨国企业在其全球业务中开始要求支持以及一致的定价。虽说这些安排经常是在总部进行谈判的，但是它们的执行对客户与供应机构来说都极其困难。在多个层次（战略的、运营的，与战术的）跨越多个国家及大陆协调两个跨国公司非常困难。这在财务上对供应商具有极大挑战性，经常会以失败告终。那些确实成功实施全球关键客户管理方案的公司成功地应对了几个挑战。全球客户倡议必须通过在客户与供应商的公司中拓展强健的商业案例来证明其可行性。许多供应商机构，包括我自己的，都有清晰的选择与门槛标准，关键客户必须先达到这些标准，供应商才会考虑为其投资，使它成为一个全球客户。

西蒙·德比夏尔

凯捷管理顾问公司沙特阿拉伯分公司副总裁

下面的案例研究是若干年前一些大制造公司采取的典型方案，以便将资源集中于那些能支持他们全球战略的供应商。照例，章节内会对这个案例研究做一些评论，章节末尾会有更深入的评价。

◆**案例研究　IOQ 汽车零部件有限责任公司**

XYZ 汽车股份有限公司（以下简称"XYZ"）已经宣布，它计划将生产线及供应商团队合理化。在世界范围内，XYZ 拥有 500 000 个供应商，目前正打算在五年内将这个数字减少到 50 000。简而言之，供应商们将不得不想办法将自己在世界上的每一个运营点为 XYZ 服务，而且还必须坚持统一的标准。IOQ 汽车零部件有限责任公司（以下简称"IOQ"）目前在德国、比利时及英国为 XYZ 供货。IOQ 曾预料可以在更多国家找到合作伙伴，但他们到底能否保证这些伙伴为 XYZ 提供一致的服务，这就很难确定了。

小一些的供应商将需要时间来调整，XYZ 对此表示赞同。IOQ 为 XYZ 的欧洲大众家庭轿车系列制造零件，他们已经给了 IOQ 一个三年的机会。IOQ 是一家久负盛名的公司，基于一个客户的要求就实施一项大的全球扩张战略，其前景令人却步，但是，他们知道其他关键客户也可能会提出类似要求，不能国际化会导致 IOQ 可进入的市场逐年萎缩。

董事会必须做出决策——要么接受大投资与大风险以留住关键客户，要么坚持小规模退到利基市场。

政客们催促各个公司在国际范围内做贸易，并且使用政府资金来支持出口，其中包括培训与管理支持。对那些在诸如爱尔兰、芬兰、新西兰、乌拉圭或者斯里兰卡这样的较小的经济体里开创的企业，其中的道理显而易见。所有的增长都是国际增长。对那些在诸如美国与中国这样的人口众多的国家的企业，看法则迥然不同，但尽管如此，在 B2B 领域，最有可能成为关键客户的客户的经营范围上可能也是全球化的，并且会要求他们的供应商也要有全球的业务范围。

进入国际市场的传统模式表明，某个公司只有在国内的可进入市场已经饱和后，才会到国外冒险。逐一向每个国家出口会先于与当地分销商建立伙伴关系，或者建立子公司。自从互联网开启以来，这已不是一个适当的模式。在网上，公司在其创建初始时就可以进入多个出口市场。许多公司甚至享有"生来就是全球化"的美誉。在关于关键客户管理的讨论中，传统的与超现代的模式都很大程度上被忽视了，讨论中审视的案例大多是庞大的全球供应商以及同他们合作的庞大的全球客户。本书处理的是各种情形的更为广泛的组合，例如，在互联网供应商（如戴尔公司）发展到需要雇用关键客户经理的阶段。另外，还有些公司不得不实行国际化扩张以留住关键客户，一些公司借助出口使客户组合多元化，以便降低过度依赖关键客户而形成的内在风险。

向全球扩张的原因

人们总说全球化是新常态，但在不同地域及在不同文化的市场上做生意带来的挑战绝不可低估。全球化最引人注目的一个原因是它能满足某个关键客户的要求。1995—2005年，多家大公司将其供应商群体合理化，并将那些只能在一个国家或地区供货的供应商边缘化或者予以剔除。供应商合理化是一个经常要面对的威胁。供应商们还时常面临着这个现实，即他们要在所有市场为关键客户提供支持，无论这些客户在这些市场出现或者不出现。尽管这听起来令人很不舒服，但接触海外市场大玩家的机会是国际扩张的主要促进因素，因此，关键客户很可能感觉他们是在帮助其供应商拓展业务。

总体宏观经济趋势，诸如一些从前不可进入的市场的迅速发展——例如，罗马尼亚与越南——再加上贸易壁垒的降低，已经促使大多数产业领域走上国际化，甚至是一些高度文化性产品的副类产品，诸如，食品与时装，在世界范围都有大量需求。供应链需求延伸到关键客户以外的范围。也许，位于某个领域的供应链上游或者下游的实力雄厚的大公司会要求供应链上的商家们在某个特定的地点建立子公司，或者至少能为他们服务。汽车零部件制造商通常跨越德国、日本、美国的行业枢纽运营。这些趋势大大有助于那些来自小国家里有限的当地市场的供应商，以及加入竞争极其激烈的本地市场的新成员。他们需要将客户投资组合多元化。

小企业内在的增长驱动也很有意义。新的所有权也许会带来新的眼界、新的期望、新的联盟与新的技术能力。公司决定扩张时有各种资源选择，不论选择了哪一个，都需要不同的技能以确保它得到很好的管理并为企业带来回报。

由于许多客户现在有全球业务，因此任何组织都应该能够回应他们的需求，这点至关重要。无论是跟客户在全球范围、本土范围，还是介于两者之间的范围内做生意，销售公司都需要能适应客户的偏好。如果在这方面两个机构不能协调一致，那么要实现真正的合作与伙伴关系就变得很困难。

说到采用关键客户管理模式，由于新兴市场充满活力的天性，这会造成一个独特的挑战。有几个因素会对此产生影响，其中包括"人才战"，高层员工的流动对供应商及客户公司持续的组织能力的影响，还有更不确定的财务情况。

随着许多领域对采购客户的整合，关键客户经理不仅要能够操纵决策单元去接洽不同职能的、合适的、有影响力的人及决策者，还要为客户提供有利的建议。

达伦·贝利

登士柏西诺德公司商务总监

评估国际化战略

图 8.1 展现了当一个现有关键客户要求在全球范围供货时，或者关键客户要寻求全球化时，一个公司可做的选择。

纵轴代表采购一方的增长欲望，并非所有公司都可以，或者应该以盈利性及现金流为代价去追求增长。在伟大的战略家迈克尔·波特曾质疑为何盈利性可以为股东带来更好回报时，证券市场却喜欢追求增长。公司报告里的增长，例如，内部的"有机增长"，到底有多少是真实的，这也是值得怀疑的。收购在短期内看起来像是增长，但长期来看，多在侵蚀股东价值。虽然如此，但许多企业家与管理团队因比对手更快抓住机会而获利。冒大风险的好处就是高回报，而且，如果这个风险是可以管控的，自然会带来可观的回报。

图 8.1 的横轴代表目前管理团队的技能。如果一个公司想要国际化，那么

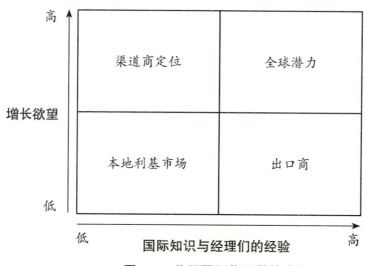

图 8.1 公司国际化可做的选择

资料源自鲍姆，史文斯与卡布斯特 (2012)

必须培训技能、招募或者补充进来有技能的人。对经理而言，仅仅了解国际市场还远远不够。许多经理都曾在其他国家生活或者工作过。一些国家有着重要的社交网络，可以促进或者阻碍商业成功，有本地经历的经理们可能就在其中。他们必须至少有一些跨文化经历，这可能是在国外生活过一段时间，或者是一段海外留学经历。沟通比单纯做交易更重要。管理线上的关系网是成功的另一方面。出口，即使是在关键客户的关系内部，通常也是基于互联网的活动，能够轻易连接客户系统的卓越技术，辅之以出色的沟通，常常与轻松实现国际化及其回报相关联。

> 以清晰的视野、敬业、以沟通为形式的领导能力在应对两个机构内的重大改变及管理挑战时极其重要。在供应商公司内，这种挑战有几种表现形式。例如，如果当地的子公司与关键客户在当地的子公司经常不来往，那么即使他们想提供支持，可能会面临既没有技能也没有本地资源的局面，因此，不对当地的供应机构进行投资及能力拓展（这常常是商业案例的一部分），就让它去支持关键客户是不可行的。关键客户的当地子公司也常常抵制执行全球客户管理。因为，这常被视为是总部的干涉，他们常常会要求拆分当地的供应商关系，尽管这些关系已经很好地为该机构服务多年了。要解决这些问题，并且在多个国家、时区与文化之间取得必要的协调很困难而且耗费时间。这需要参与者具有相当大的决心及顺应力，更别说一大笔财务预算。
>
> 西蒙·德比夏尔
> 凯捷管理顾问公司沙特阿拉伯分公司副总裁

表 8.1 总结了应对图 8.1 中国际化的战略方法。

表 8.1　国际化的战略方法

渠道商定位	有增长欲望但知识有限，在销售人员的帮助下在目标市场实施选择性的定位扩张是可以实现的，然而，这可能会存在两个问题。关键客户可能不接受与第三方打交道，而更愿意与在他们自己运营的市场有资本投资的供应商合作。如果第三方的品牌大使被接受了，那么对第三方的管理必须强劲。除了设立渠道合作伙伴的量化目标及定性目标，在许可权协议上必须有一个长期安排，以便供应商如果计划在当地设子公司时，可以全面收购合作伙伴在当地
渠道商定位	的地区销售权；或者，如果供应商决定退出市场时有所补偿。原始设备制造商们（OEMs）总是提防合作伙伴们可能会投机取巧，或者提防他们收了很多佣金却干得少，或者几乎什么都不干。管理渠道商要像管理子公司一样小心翼翼。如果一个供应商投资一个经销商/代理商的营销与销售技能来帮助他们建立自己的业务，那么这样可以建立起信任。代理需要像雇员一样尽可能建立起内在动力。关键客户会要求其供应商的代理们提供的服务能达到一致的水平与品牌大使的地位。虽说在商言商，但要实现长期的双赢，仅有钱还不够
全球潜力	增长的欲望搭配经验丰富、知识对口的经理，可谓实力强劲。关键客户应该感到安心，无论他们在哪儿，或者将去哪里，这种供应商都会与他们齐心协力。该如何做到这点？建立子公司可能会花很长时间，而且会吞噬现金流。适当的并购也可能会花很长时间，而且如果市场蓬勃，收购也会很昂贵，而且，并购的公司可能会比渠道商伙伴更难管理，然而，全球大公司需要避免这种在市场中只存在于网上的"虚拟陷阱"。这样，就不能了解当地市场情况及文化上的细微差别。可以在子公司、并购、代理商，与广泛的本地网站之间建立平衡的组合，但是，不同的公司可能会更倾向于统一的商业模式，这样能适合他们的文化，这甚至是他们品牌个性化的一个决定性因素

本地利基市场	如果没有增长的欲望以及具有国际经历的经理，那么随着关键客户一起国际化就没有实际的意义。在一些案例中，一些本地利基产品或者服务供应商可以与关键客户做生意来服务当地市场。一些食品与时尚类别只对本地市场感兴趣或者，一个国家的一些特别的法律规定也许会要求全球公司利用当地的专门技术
出口商	如果公司的增长欲望有限，但经理具有应对非国内市场的技能，那么这个公司则可能会从战术出口中获益，以拓宽其客户组合。从一个市场的基地接受国际供货可以为一些全球客户接受。一个明显的例子就是，一家食品零售跨国公司购买爱尔兰威士忌的例子。在这种情况下，基地设于爱尔兰就是一个优势。变速箱零件并非某个地方独有，但如果一个全球客户注意到某个特定的公司的产品质量最佳，而且单一货源导致的供应中断风险也可以控制，那么在本地制造及出口就可以接受。借助国际化的网站以及网上交易市场的操纵，可以成功实现出口。许多类别的产品并未经过多少人员接触就在国际上买卖。产品价格、交付的可靠性，及产品使用中的质量是所有专业采购人员想要了解的。如果回头客生意变得更加复杂，那么就需要一些建立关系的专门技能

资料源自鲍姆，史文斯与卡布斯特 (2012)

从我们了解到的案例研究中的公司 IOQ 的零星情况可知，渠道商定位可能是他们更倾向的选择。

有助于国际化发展的因素

如果一个关键客户想要带着某个特定的供应商进入一个新市场,那么这是国际化扩张最好的促进因素,因为该供应商自然而然就有一个强大的参考客户及一个稳定的现金流来源。当然,必须要投资以便能在新市场服务客户的子公司,但这些子公司也能用来为其他关键客户提供更广阔地域范围的服务,并服务新市场的潜在客户。

促进国际增长的第二个利好因素是其他类型的供应链环节。在许多领域,供应网络非常复杂。例如,在信息技术领域,如果某个关键客户计划进入一个新市场,那么他们可能想携手久负盛名的联合制造商、服务提供商,以及专业技术来源一起进入这个市场。

▶ 关系链

大量业务依赖人际关系网。领英网站大获成功的原因是,它使商人能与他们所有的关系保持联系。人们更换工作时,可能希望将他们所了解与热爱的供应商介绍给新雇主。这时,他们可能已经迁到另一个国家的公司,或者另一个业务部门。

▶ 迅速部署，以排除竞争对手

> 我的口头禅（受特种空勤团启发）是"速度、雄心与惊奇"。一个制定周密的战略只要快速、高效且有效地执行，就会产生出其不意的效果，使你能够抢在对手之前夺得先机。
>
> 保罗·博蒙特
> 英特利屿销售总监

新市场的第一个行动者可以获得可持续的竞争优势。一个供应商要是有个新产品，或者是一个价格更低廉的产品，那么世界各地的潜在客户都会联系他，他就要在那些能证明其投资获益的本地公司中做出选择。短期的签约销售机构对于在一个新地方快速建立客户群大有益处。他们也可用于帮助供应商变得灵活机动。如果市场条件很艰难，那么签约销售机构可以继续专注于它的发展；如果市场条件有利，那么供应商可以寻求本地收购，或者用承包商来帮助招募本地的销售人员来设立一个办事处。

▶ 关键客户经理的技能

在全球营运不是胆小怯懦的人能做的事。正如前面所讨论的那样，招募至少有跨文化意识的关键客户经理极其重要。如果他对新市场的文化，包括语言，有广泛了解，那么就更好了。尽管英语似乎是每个人的第二语言，但如果我们中一些以英语为第一语言的人能精通别的语言，这将会大有用处。大一些的公司经常招募那些靠近主要关键客户总部的人做关键客户经理。假如你跟西门子做生意，如果关键客户经理是德国人，这就有助于了解该公司。同样，在文化上一个美国人会对沃尔玛有很好的理解。各个公司一定不能违反法律以确保享有同样的事业机会，但是，国家、民族、宗教及企业文化都会影响特定的关键客户，对此有深入的理解是为关键客户选择与其相称的客户经理时要考虑的重要因素。如果公司缺乏具有跨文化理解力的人员，那么同具有此理解力的签约销售机构或者销售代理商合作不失为审慎之举。

▶ 灵活性

一个被称作"实物期权"的金融概念已经应用于国际市场准入中。简而言之，它提倡推迟承担义务，直到某个特定投资的不确定性或者风险降低。通常，这通过与签约销售机构这样的伙伴合作来实现。这些销售机构可能已经准备好将其活动集中于市场准入上，以期在建立了可持续的市场份额后将客户关系归还给他们的客户。

若一个关键客户需要新市场的服务，则对于投资承诺就不能有任何犹豫。无论如何，找到那些能使市场准入更平稳迅速的第三方，而且，与之合作可以减少可能的错误与损失。关键客户也许已经有一个稳固的供应网，因此更希望新的供应商与此融为一体。人际交往的技能与运营的灵活性有助于公司的平稳过渡。

有碍国际化的因素

> 中国的市场发展道路、文化及国家资本主义制度产生了中国特有的情况。
>
> 墨菲与李（2015: 116）

开始时以互联网公司的形式建立在成本管理上具有优势，21世纪的许多大品牌之所以成功就得益于其在20世纪90年代长期致力于电子渠道，然而，公司不能永远处于虚拟状态。一些作者提到了"虚拟性陷阱"，因为很难通过非人格化的电子渠道去深刻理解市场与客户的潜在驱动因素。一些互联网玩家已经对一些要求为关键客户投资的主要客户产生一定程度的吸引力。对一个机构而言，改变商业模式或者管理多种商业模式，都属于重要决策，可能会涉及文化改变，以及对人员与固定资产的重大投资。改变必须强制执行，并且得到公司上下的充分理解。

▶ 本地文化——国家、宗教、民族、社会与商业

> 无论人们走到哪里（这其中包括工作场所），都会随身带着他们的文化行李。
>
> 珍妮·布莱特
> 纠纷调解与磋商方面教授（引自奈特，2015）

在英国建铁路之前，人们很少离开自己的出生地超过三英里远的地方，而且从邻村来的旅人常被视为异类。纵观19世纪，这些观念已被摒弃，于

是出现了国家经济。便捷的国际旅行以及互联网促进了全球贸易，但我们还算不上是一个地球村。

关系链助力国际扩张，没有它们的帮助这会极其困难。互联网上有许多的网页列举了一些简单的语言问题造成一些广告语及品牌名称在世界某个地方不为人接受。例如，一种小汽车名叫"Nova"，这听起来像英语中"new（新的）"，但是这种车在西班牙绝不会有好销路，因为，"Nova"在西班牙语里的意思是"它跑不动"。

如果一家全球公司为另一家全球公司供货，那么一支关键客户团队可能会由200多40个不同国籍的人组成。我们已经注意到，许多在全球公司工作的专业人士愿意接受公司文化高于他们自己的本土文化。例如，那些为IBM工作的人常常会首先将自己视为IBM的人。另外，各个公司也鼓励他们的跨界客户团队树立自己的团队精神，或者在企业总体文化内建立亚文化，这对团队的效益有好处。这在小一些的公司或者商业网络里虽然难以复制，但还是应该考虑寻求社会讨论的共同基础，诸如支持。

思考一下你自己的归属感……

例如：

我首先是英国人，还是全球专业销售群体中的一分子？或者是我的公司价值的品牌大使？或者我首先是波尔顿球队的粉丝？或者最令人骄傲的是，我是所在大家庭的一个成员？

读者可能都很熟悉"关系"这个词语。关系及类似的东方文化中的个人网络（表8.2）与西方发达经济体中的个人网络的不同之处在于，这些观念的历史根植于那个生存取决于可靠的朋友之间的利益互换的时代，或者是对部落与集体的忠诚胜过个人主义的时代。交换是个人的、社会的，而且频繁的；而义务则是没有时间限制的。西方国家开办的公司会发现他们很难做到两全，既要参与到这些社会网络中，同时又要保持他们的立法者们所要求的透明度与客观度。《英国反贿赂法案》禁止贸易中存在任何扭曲的关系。在许多商业文化中，连通性极其重要，但一定要注意，不要想当然地认为当地的关系网络与英美的关系营销一样，是基于相同原则运行的。

表 8.2　特定文化的非正式社交网络示例

中国	关系
泰国	Boon Koon
俄罗斯	Blat
日本	Kankei
韩国	Kwankye

在那些适用于特殊的建立关系习俗的国家，研究者们敦促新的出口商尽量不要应用这些习俗，因为错误难以避免而且有破坏性。有趣的是，人们注意到，研究者们建议，专注于遵守商业承诺——特定某天交付按一定规格生产的，并达到标准的货物——无论在哪里，都是建立信任的第一准则。虽然如此，为会见国际客户而精心准备还是可取的，但是这不应被视为混乱或者紧张之源，而应视为个人与公司学习的机会。这里有一个需要考虑的检查表：

着装——如果有疑问，就穿正装。

身体语言——手势、目光接触、面部表情、所需的个人空间、坐姿随着文化不同而不同。如果有疑问，就保守一些。

问候语——大多数文化都重视用于问候与介绍上的时间。

语言——说话清晰、用简单的句子、不要用行话，受到广泛推崇。这可能会很困难，并且需要做一些练习。要考虑交谈中的时机以及听话与说话之间的平衡。给客户谈话时间与展示理解力的机会很重要。同样，在回答他们的问题前，停顿一下。在许多文化中，这表示尊敬。

幽默——避免幽默，除非你真的认识某个人。

时间观念——"现在"与"很快"在不同文化中的意思截然不同。讨论时间的时候要具体。

直截了当与寒暄——在一些文化中，开门见山备受推崇；但在另一些文化中这被视为粗鲁无礼。但在所有的商业会晤中，一些建立关系的交谈还是值得一试的。不要问人们一些你应该通过调查而知道的事情，如他们的地位。假定人们的地位要比看起来的高。

处理冲突——在任何文化中这都是件难事，但也不得不做。提出一个双赢的解决办法至关重要。

团队合作与领导能力——在不同文化中，如何在团队内工作的想法各不相同，因此，若关键客户经理要管理一支国际团队，则需要找出团队成员期待的是什么。公平待人，让他们专注于客户及公司目标常常比团队成员们所习惯的其他方式更加重要。

初次会面是建立商誉的一个平台。任何商业关系的核心要素都是合同的履行、工作能力与商誉，但是在合同的履行与能力得以展现之前，必须先有商誉。建立客户信任中的个人与公司要素如图 8.2 所示。

对案例研究中的 IOQ 而言，与要服务的 XYZ 的子公司在文化上越是相距甚远，则越有可能需要当地的第三方支持。

> 在民族文化中，应对差异很关键，但这个问题要么遭到回避，要么得不到处理。对许多公司来说，甚至是那些本质上来说是跨文化的公司，这正是一个应该归入"太过困难"那个方框中的问题。关键客户管理源于西方——我指的是美国与西欧——的商业惯例，而且被设计为一种实施关系营销的机制，以应对全球化，因此，这是对西方环境中如何发展业务关系的反映及概念化。充其量，关键客户管理为客户组织提供了丰富的洞察，并充当两个组织的价值创造平台。而最次，它也是个官僚的、

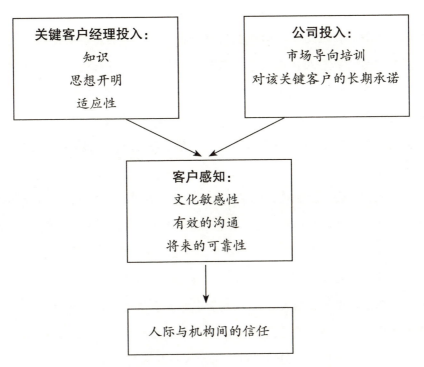

图 8.2　建立客户信任中的个人与公司要素

资料源自哈里希与拉班 (1998)

刻板的、过于简单的、走过场的练习,几乎不会增加任何价值,然而,在这种西方环境以外的地方,它可能几乎毫无用处,甚至对关系的发展过程还有破坏作用。

在西方以外的许多国家——社会性质与结构极度不同。关系的发展及其义务、权力与职责,对西方人而言,复杂而且不相容。在这其中的许多社会中,个人关系/社会关系与业务关系之间没有明显的区别。它们可以彼此独立存在,这几乎是无法想象的,而且,个人或社会关系常常是建立业务关系的先决条件。这种紧密编织的关系网在不同的国家有不同的名称,如在中国,它被称作"关系";在泰国被称为"Boon Koon";在俄罗斯的亚洲区域,它被称为"Blat";这些全都以深刻的社会联系为特征，这是一种心理契约的产物，伴随着朋友和商业伙伴之间清晰的权力、职责及其他义务。在西方，人们对这种社交过程常持怀疑的态度，甚至就认为这是裙带关系或者是腐败，但这是由于无知才产生的过于简单的反应而造成的，因此会错过机会来消除分歧。最成功的西方公司会找到方法来适应这种文化差异，而无须妥协好的、有操守的商业做法，因为这样做的商业价值可能相当大。

一次，我向一位沙特的同事解释关键客户管理的各个概念。他觉得这太滑稽了，我们与客户建立关系竟然还需要步骤、模板、电子表格及IT系统。他问："你为什么不去跟他交谈，去理解他的痛苦？"

上述问题经常在供应商跨国公司的总部与本地子公司之间的关系中表现出来，这些子公司是在全球背景下背负重任实行关键客户管理的。许多大跨国公司通过全球化的、标准化的，及产业化的业务流程获得竞争优势。若非如此，他们的公司非得陷入一片混乱不可。他们调整这些流程以反映本地的市场需求或文化需求的意愿与欲望几乎是零，若一旦开始适应本地需求，则这些流程就不再是标准化的——竞争优势也就此丧失，混乱不堪也就近在眼前了。对当地子公司来说，这可能会使他们丧失动力。因为他们知道，要他们做的事在其所处的环境中，很大一部分都是浪费时间。要解决这个难题常常在于创建一个混合模式，既能让总部满意，也能在当地运行。只要两个流程都是透明的，他们之间的关系就清晰明了，这可能就会为一个简练的模式打下基础。

西蒙·德比夏尔
凯捷管理顾问公司沙特阿拉伯分公司副总裁

▶ 合伙人投机主义

在陌生市场做贸易时建立关系是降低风险的一种方式，这当然是关键客户管理的一个关键要素。在任何类型的商务关系中都会存在的一个障碍就是，在经济与法律中有一个很常见的成见，即，在协议中各方推卸职责，或者为了自己的利益而投机取巧，将不惜损坏另一方的利益视为符合自己一方利益的。而之所以要签合同就是要制止此类事情的发生。但如果合同必须执行，可是信任已经破坏，而且损害也已经造成，该怎么办？

每个国家都有类似犯罪组织的机构伪装成合法的公司。通常，他们会瞄准易于受伤害的消费者们，但是一些情形乐观的小公司可能也在他们的关注范围内。在一些发展中的经济体中，出口公司关心的是他们知识产权的盗版行为或者是其他违反机密的行为。如果你的新国际合作伙伴是一个现有关键客户的子公司，情况就不会这样了。即使它只是一个在新领域服务关键客户的潜在的新代理商，这个关键客户也可能有助于找到一个合适的公司。在其他情况下，怎样找到信誉好的合作伙伴，行业协会及政府部门也能有所帮助，他们会提出建议。机会主义是经常需要识别及管理的风险。在不熟悉的市场及法律体系中，这种风险显然要更大一些。

> 集中团购并不能保证世界范围内的每一个分区／经营点实际上都遵循同一个战略。我有一次费了很大工夫才跟一个世界领先品牌签下一个"欧洲范围内"的合同，但是，每一个经营点（共有100多个）都有自己的维修预算；而且，团购并不能命令他们应该如何执行预算。本质上，集团政策只是一套指导原则。在这种情况下，你肯定不想制定集团的价格计划。你可以询问一下协议的范围，以及有关团购的意见到底是强制的，还是可选的。
>
> **事例由一位经验丰富的关键客户经理提供**

▶ 经济可承受性

走向全球化可能耗资巨大,这也是为何小一些的公司总是在网上交易市场开始他们的国际化创业。这些并不仅仅只是线上商品交易会——其意图是举行交易。对供应商的好处是,世界各地的潜在的新客户可以找到他们,并试着跟他们交易。就建立新的国际关键客户而言,网上交易市场是供应商可以被商业买家找到的场所。商业买家觉得网上交易市场为他们提供了新货源的渠道,并且他们能更优质地管理各种货源。这未必就意味着专注于压低价格。网上交易市场应该展示供应商带来的价值。在英国,特许采购与供应学会建立了伙伴关系,后者主要关注针对专业采购人员的市场信息及电子化贸易服务。

相比参加海外贸易展览的展位费以及在各个国家做广告所需的费用,网上交易市场也为供应商带来了成本效率,而且如前面所述,只要有长期潜力的机会出现,网上交易市场可以促成签约销售机构的部署以及关键客户经理的招募。

平衡活动与控制

与任何商业扩张一样,最终,对于想在几个国家为关键客户供货的公司,或者想在其他国家找到新的关键客户的公司,它们的经理不得不控制公司的扩张,同时又不能过度紧缩。

国际化风险评估如图 8.3 所示,显示了可能性与风险。大多数公司都渴望能在二者之间运营——将资源控制在合理限度内,同时,营销活动又以合理的速度扩大。图 8.3 中的各项选择在表 8.3 中予以概括。

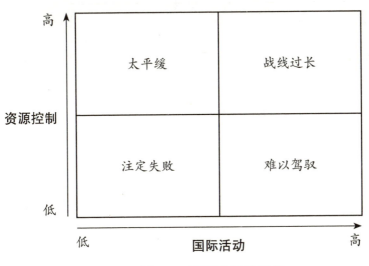

图 8.3　国际化风险评估

资料源自索尔伯格 (2012)

表 8.3　国际化风险评估

太平缓	如果国际化进行的速度不够快，竞争对手就会抓住机会，对关键客户来讲尤其如此。能在最广泛区域为他们提供服务的供应商才有可能占有钱包的最大份额
战线过长	对高水平的营销活动实行高度控制听起来很完美，但这会带来不同的风险。固定的控制成本，诸如本地子公司或者供应点，也许是一个负担，尤其是当某个关键客户想要在特殊市场予以支持，但在那里没有什么机会展开客户组合时，就更是如此了
注定失败	如果没有国际化的动力，那么这个公司还是承认自己的局限性，就留在本地为妙。这也会制约它眼中的关键客户的类型与多样化
难以驾驭	以最小的控制实现较高水平的活动，可能意味着像销售代理或者关键客户这样的中间商收获了最大的利益

资料源自索尔伯格 (2012)

想想我们案例研究中的 IOQ，似乎所有这些风险对它都适用。他们必须找到方法管理许多新的国际活动，而且还需要同一种方式，并且还要用在 XYZ 看来是可实现的、可行的方式来管理。

全球客户管理能力

随着关键客户们踏上全球之旅，你面临的挑战就是要留住他们。在大多数商业环境中，变化是一个常数，但在全球范围内经营，某个你在其中经营的市场突然发生变化的可能性要大得多，因此，要确保有能力得到发展，并能用于全球范围内的业务关系管理，这点至关重要。

▶ 评估可能的市场变化

市场感觉及客户洞察非常关键。了解得越多，越是更新并重新审视自己了解的情况，就越有可能控制风险。一些全球公司很擅长为各种不同国际市场的可能性做情景规划，评估它们可能的影响，并做出应急计划。图 8.4 显示了情景规划中常用的一个图解示例。

X 发生的可能性到底有多大？它可能会产生什么影响？说到国际市场中的环境因素，这些问题极其重要。使用这个分析工具应该可以为最可能的情形制定出计划来，以及为影响最大的情景制定出应急方案。

同样的步骤也适用于客户事件及竞争对手的活动（这使我们又返回第五章中讨论的加强一般性关键客户规划的分析，以及对情景与模拟活动的需求）。

> 能够提供综合而且一致的服务，并且能敏锐地觉察市场变化，这可能是一种强悍的能力。

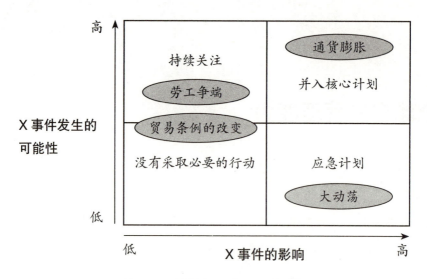

图 8.4　情景规划中用到的图解示例

资料源自希尔森（2002）

注意：风险/事件既可能产生积极的结果，也可能产生消极的后果。例如，贸易条例的改变可能是自由化，这可能会创造许多机会。

▶ 价值创造

许多全球关键客户要求供应商在全球范围内服务，期望他们在国际市场上实现产品、流程、服务及价格的标准化，同时，做关键客户的全部目的，就是得到定制化的解决方案。关键客户自己必须要决定全球标准化与贴近本地市场之间的平衡度。事实上，能够提供综合而且一致的服务，并且同时能敏锐地觉察市场变化，这可能是一种强悍的能力，如西蒙·德比夏尔在本章早些时候所说。

▶ 重新配置资源

之前，我们提到实物期权理论。我们从最近的研究中得知，存在这样一个风险，即一个关键客户管理机构可能会变得像它以前一样的官僚。在国际市场上，在短期内更换渠道、供应路线及合同条件的能力有可能是一种必备的能力。

结语

在本章，我们已经考虑了下列问题：

随着关键客户走向全球化，你在寻求新的关键客户的过程中是否拥有走向全球化的愿望？

国际扩张中的促成因素与抑制因素，包括文化意识，控制因素与风险。

关键客户管理越来越成为一个国际的，乃至全球现象，计划为大客户服务的小公司一定要做好准备追逐他们走向全球化。

现在，我们看看IOQ怎么样了？

首先，他们得召集他们已有的所有子公司与合作伙伴，以便检测做一个全球客户的全球供应商所产生的影响。这些影响包括：

如何实现世界范围内的流程优化；

如何进行跨文化管理；

预测各个全球客户团队之间需要的通讯量，以及团队与客户之间的通讯量；

在管理工作范围时要注意哪些细节；

确保现有的及将来的合作伙伴支持为关键客户提供的服务。

在某些类似的情景里已经发生的事情是，一些志同道合的供应商与一些面临相同挑战的全球企业集团发现彼此并结成联盟，这种情形假以时日可能会成为兼并或者合并。

■ **思考**

考虑这些矩阵与清单中哪一个能用来提高你的国际潜力。
多多学习并了解你的关键客户的语言与文化。

第九章

关键客户管理的风险

本章开头的案例研究的是基于一些过于依赖某个关键客户的真实事例而编写的。

◆案例研究　无线电设备股份有限公司

　　无线电设备股份有限公司成立于1910年，主要为收音机制造零件。他们很快就与一家大电子产品公司——KZQ 股份有限公司（以下简称"KZQ"）建立了正规的业务关系。由于对收音机以及其他家庭娱乐形式的需求扩大，无线电设备股份有限公司也随着他们强大的客户一起成长。他们也变成了制造业的大品牌。两家公司的关系热诚友好。共同的产品开发对他们来说是常事。事实上，KZQ 还积极地劝阻无线电股份有限公司不要跟其他客户扩大经营业务以及增加其他领域的产品。他们也以类似的方式对待其他长期的供应商。作为供应链上的主导者，他们认为建立一个从原材料一直到终端用户的类似垂直营销的体系在战略上是值得去做的。从20世纪30年代到70年代，这在美国与欧洲部分地区是一个很常见的方式。这类似于日本企业集团供应链系统的相互依赖，但没有那么正式。

　　这种系统依赖大量的善意，也依赖相对的经济稳定。随着制造业在20世纪八九十年代的战略性发展，股东们期待他们投资的大公司能找到更便宜的零件货源。KZQ 这样的公司不得不与国内供应商艰难地讨价还价，或者是在新市场接触新的供应商，虽然到世界的另一边去找零件的货源还是有点风险，或者他们可以做两手准备。当然，过程必须公正。新一代的技术将会面临一个重新上市的大考验，而届时只有少数几个公司才能幸存下来。无线电设备股份有限公司不习惯这么大规模的投标。几十年来，这么多生意都按部就班做下来了。KZQ 占了他们营业额的30%。在2002年那可怕的一天，他们被告知，他们没有被列入 KZQ 的新技术平台名单。尽管无线电设备股份有限公司还有其他客户的业务，而且他们与 KZQ 目前的业务还要维持几年，股市却开始对该公司发起进攻，因为人们认为未能获准提供新技术平台就代表缺乏创新。无线电设备股份有限公司于是破产。

他们与 KZQ 做了好几十年的生意，却几乎没有什么正式的合同，而且也没有明确的退出计划。一些处境相同的供应商准备起诉 KZQ 要求赔偿。无线电设备股份有限公司被一个竞争对手全部收购，这个对手成功投标 KZQ 的新技术平台。

我们已经讨论了 B2B 领域的营销原则，以及关键客户管理的概念，而且也已经审视了采购行业的观点、如何制定有意义的价值主张、如何为个别的关键客户成功规划、如何以公司的能力为关键客户管理配置资源，包括你的关键客户管理国际化或者全球化的潜力。多年来的最佳实践以及不懈的研究支持着关键客户管理成为赢得并留住可盈利主要客户的积极方式，然而，这并非是解决所有销售困境的灵丹妙药。你的公司秘书有一个时常呈现给董事会讨论的风险登记簿。我们应该讨论一下风险簿上可能会出现的一些事情，它们是因为采用关键客户战略而产生的。这些都应该从发生的可能性以及可能造成的影响两方面予以评估，这样才能就如何管理它们做出英明的决策，如图 9.1 所示。

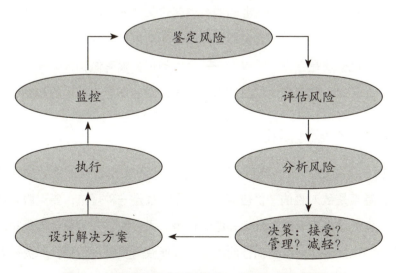

图 9.1　风险管理标准模型（改编自各种模型）

财务风险

▶ 资源过于集中在战略客户上

如果一个客户占据了超过 10% 的营业额，那么公司秘书可能会很担心。几十年的关键客户会改变其供应战略，使依靠他们的供应商一下子束手无策，这种事情并非闻所未闻。一个知名零售商因鼓励供应商视其为主导关键客户而为人所知，直到他们确定了有更便宜的货源，而其后要求赔偿的诉讼案件并非全胜，因为供应商接受了几乎只跟那个零售商合作的风险。赢得一个关键客户并能使业务增长是很了不起，但在此关系中产生的能力应该转移到扩大客户组合上。

如第三章中讨论的，在各种非关键客户中，许多客户也一样可以盈利。他们中有一些是未来的关键客户，因此，为了让董事会放心，销售总监需要管理全部的客户组合，以便产生新的业务并培育现有的客户，而且，他必须确保，对于任何一个占据相当比例营业额的关键客户都要制定出一个退出计划。通常，各个公司都竭力撇清那种抛弃长期合作的供应商以及破坏就业的负面宣传。但尽管如此，他们还是会抛弃供应商——尽管他们并没有做错什么——只是经济状况需要这么做，或者是他们的技术被取代，或者是因为他们的产品过时了。

▶ 将关键客户管理用错地方

值得注意的是，在一些工业领域，其文化不支持合伙模式。如果保持有距离的，甚至是敌对性的"供应商 - 客户"关系是一种规范，要克服它也并非不可能，但公司必须有选择性地去做这件事。大多数客户可能会接受额外的服务，但他们仍旧会让供应商们彼此内斗，以便获得更低的价格，而关键客户管理是一项重大的长期投资，必须部署在能够获得最大回报的地方。

法律风险

▶ **伪伙伴关系的风险**

通常，客户对于避免被某些特定的供应商"套牢"很敏感，但供应商也应该提防被某些特定的客户"套牢"。虽然日本企业集团的供应链结构紧密，而且交叉持股这种事情很常见，但在美国及西欧大部分国家，这会引起立法者对反竞争行为的关注。如果两家公司没有正式合资，却共同研发产品、分享工艺，并开发联合品牌产品，那么公司秘书可能就要去拿风险登记簿了。密切的伙伴关系是创新与节约成本之源，但对知识产权的任何分享或者联合投资都需要进行妥善安排。

> 虽然在新闻界及文献中几乎什么也没有公开，但研讨会上与管理者们的讨论透漏了几个事例，其中一些与主要客户有密切合作的公司被监管部门出具"黄牌"警告。竞争监管部门越来越抱有这种观点，即买卖双方之间的密切合作可能会抑制竞争。
>
> 皮尔西与莱恩 (2006: 24)

▶ **"贸易反常"**

如果跟某个客户决策者的讨论已经延续到了午餐时间或者进入了傍晚，关键客户经理请他出去吃顿饭是很正常的。同样，将一个新产品研讨会与一个体育赛事结合起来也常被用作与客户共度时光的机会，然而，一些公司开始对任何形式的款待持警惕态度，因此，供应商们需要对客户的政策以及法律非常敏感。在英国，任何贸易反常都会受到竞争对手的质疑，不管是打折让利，还是款待或者是送礼。对于贸易反常的感知是非常情境化的。赞助整个部门的常规年度撞柱游戏比赛可能被视为可以接受，但在签约之前与某个特定的个人吃一顿丰盛的大餐就会引起怀疑。可能引起怀疑的因素包括事件发生的时间、谁是受益者、在哪里举行的、花销有多大，以及信息与娱乐的对比度。对此的判断往往是常识占了上风。

多数采购经理都是英国特许采购与供应学会的成员，对有关公司款待他们或者任何其他决策者们的政策会很清楚。

> 摘自英国特许采购与供应学会行为准则：
>
> 我将加强并保护行业规范，不接受诱惑或者礼物（已经为我的雇主批准的、只具有名义价值的礼物除外）；
>
> 不允许谁提出款待，以及不允许那些既得利益者企图影响，或者被认为是影响我的商业决策的送礼。

但是，供应商们也应注意不要过于吝啬。如果忙碌的主管们奔波数小时来参加某个供应商的研讨会，而供应商只给提供机器配售的咖啡及软塌塌的三明治当点心，大多数人心里恐怕都会很不高兴。

组织风险

▶ 未能用强健的基础设施加强关键客户管理

在关键客户管理发展初期,采购经理们常常会抱怨,虽然他们喜欢某个特定的供应商的关键客户经理,以及他们职业化的做事方法,但是他们也发现他或者她只有责任却没有职权。换言之,关键客户经理就是一个类似"莎莉大婶"那样的受气包角色,他们可以将满腔怨气向他倾泻,但他们在供应商组织内却没有能力为客户产生价值。现在,大多数公司都已经有所发展,并建立了关键客户管理基础设施,其中价值的交付是由关键客户经理直接管理。但是,许多公司仍旧在尽力完善适合关键客户管理的结构,尤其是全球客户管理。如果关键客户团队里包括多种职能、多种产品类别以及不同国家的组织,那么这就很难做到。他们怎么可能一致同意采用同样的高标准或者在每个接触点服务关键客户呢?但不管怎样,他们必须做到这一点。

无论组织机构图上是如何配置的,一个根本原则应该是,关键客户经理们必须定期与董事会联系,这样他们才能被视为具有象征性权力。你有多少个关键客户可能是董事会成员决定能合理赞助多少个关键客户的因素之一,而另一个指导原则可能是合理化利用关键客户经理宝贵的时间。如果他的时间都被组织的内部矛盾造成的日常调解"灭火"占据了,那么这就意味着基础设施薄弱。组织设计要促使关键客户经理成为"企业的开拓者"(换言之,以开拓的方式去促成内部的变革)。许多公司已经找到方法在产品/服务开发上适应企业的开拓精神。对于客户拓展也同样需要这种精神。

▶ 失去立场

绝对不要忘记，对于关键客户经理及关键客户团队成员来说，为公司做关键客户及其在公司内的拥护者的品牌大使困难重重。这种"跨边界"的角色不可避免会引起压力，因此，高级经理们应该留意有这种压力的迹象。在供应商与客户之间，有积极的"跨边界"概念，这可以实现双方的目标，也有消

关键客户团队，就其性质而言，是跨边界的角色，它要求团队双向"销售"——表面上是将雇主的服务卖给关键客户，实质上是将关键客户的优点在他们组织内部销售。这就是那些在关键客户管理背景下需要小心操纵的地方之一，尤其在涉及向自己机构有侵略性地"销售"关键客户时。过于热情地向内推销关键客户的案例常会遭遇如下评论："记住你在为谁工作！"或者是："记住谁给你支付薪水！"在极端情况下，这个关键客户团队可能会被描述为"已经叛逃到另一方"。说这话的意思表明，他们已经失去立场，不再处于边界角色/位置。他们实际上已经过多地受到关键客户的文化及组织策略的影响，并陷入得太深了；唯一的解决办法就是将他们剔除并替换掉。

为了阻止此类情况出现，供应商组织需要落实一系列的制衡措施，包括，通过扩大管理结构，或者通过设立一个多级管理模式来减少一个小团队的责任。参加与他们自己的高管每月举行的审核会，以及定期的新产品或者新服务的内部培训会（关键客户可能会这个培训会感兴趣），都有助于使关键客户团队保持理智并专注于他们的首要目标，即销售有利可图的业务。

西蒙·德比夏尔
凯捷管理顾问公司沙特阿拉伯分公司副总裁

极的"角色不明"的概念，二者之间有一个清晰的分界线。当直接服务客户的员工对他们应该为哪个股东实现什么感到困惑时，就会产生角色不明的情况。我们从几十年的研究中获悉，在关于销售生产力的研究中有一个贯彻始终的信息——角色不明对销售生产力有消极影响。

▶ 丧失技能娴熟的员工

技艺精湛的关键客户经理不是树上长出来的，因任何原因失去他们（不论是被对手挖走，还是他们提前退休，甚至是因为公司内部的晋升）都应该算作是需要管理的风险。对小型的公司而言，招募关键客户经理是一笔不小的负担。他们的品牌经常因为自身不够强大到能招到他们所需的人员，然而，我们见过一些公司使用诸如英特利峋管理机构这样的第三方以及签约销售机构来迅速有效地部署关键客户经理。某个人即使不直接为你服务，也能相信你的品牌并为该品牌做相应的推广。

营销风险

▶ **未能使用关键客户管理来使自己与众不同**

有时，一些销售总监告诉我们，客户也许并不认为他们的销售与客户管理活动的质量在任何特定的方面优于对手。听到这些，总让我们感到很沮丧。如果实施了关键客户管理后，情况还是这样，那么某个事情还是有待去做。在IT领域，多数的大公司都有训练有素的关键客户经理，一家公司的关键客户管理如何才能与众不同呢？它可以更加灵活、更加以创意为导向、规划得更好、更国际化，或者更昂贵。关键客户管理应该帮助公司击败对手。随着关键客户管理由最佳实践转变为日常实践，关键客户管理的开拓者已经提高了他们的游戏水平。关键客户管理有自己的组成部分——各种各样的有利条件、流程与技能——它们在每个公司以不同形式组合。对最佳组合的探索永远不会止步。

▶ **重大负面事件**

当某个关键客户出了问题时，一定要迅速解决（如图9.2所示）。有关键客户经理深夜驾车，以便确保他们在交付一个亟需的零件时能控制对方的反应，而不是将此事推给快递员了事。另一个例子是，当你自己不能按时交货时，用竞争对手的产品填充关键客户的货架。一个关键客户恪守对某个战略供应商的承诺，作为回报，他们希望得到的是晚上能睡个好觉，而不是令

图9.2 抉择

人不快的意外。更有甚者,采购决策者们希望同事们钦佩他们选择了这么可靠而且好沟通的供应商。有时,在某个供应商与关键客户的董事会层面存在战略性合作这样的幸事,但关键客户运营部的员工们却对供应商失望之极,结果最终导致事情以打官司告终。

重大负面事件(NCIs)作为一种风险而存在,但这个风险是在关键客户内部加剧的。即使在行业刊物上没有负面宣传,或者没有什么法律影响,我们在前面一章中已经见到采购决策者们在评估某个潜在的供应商时如何关注其他人的观点。负面口碑在商业领域的破坏性如同它在社交媒体上对消费品牌的危害性一样大。

具有讽刺意味的是,从重大负面事件中的成功恢复可以使客户确信你作为供应商的可信度,因此,重大负面事件也并不完全是个灾难。人们接受会有意外事件发生,尤其是在进行创新的时候。如果你应对失败的应急计划比对手做得更稳健,那么这就会对客户产生吸引力。

大多数机构都用可视的方法来做风险登记表（图9.3）——通常是红色/琥珀色/绿色（而不是我们这里所显示的深浅不一的灰色）。

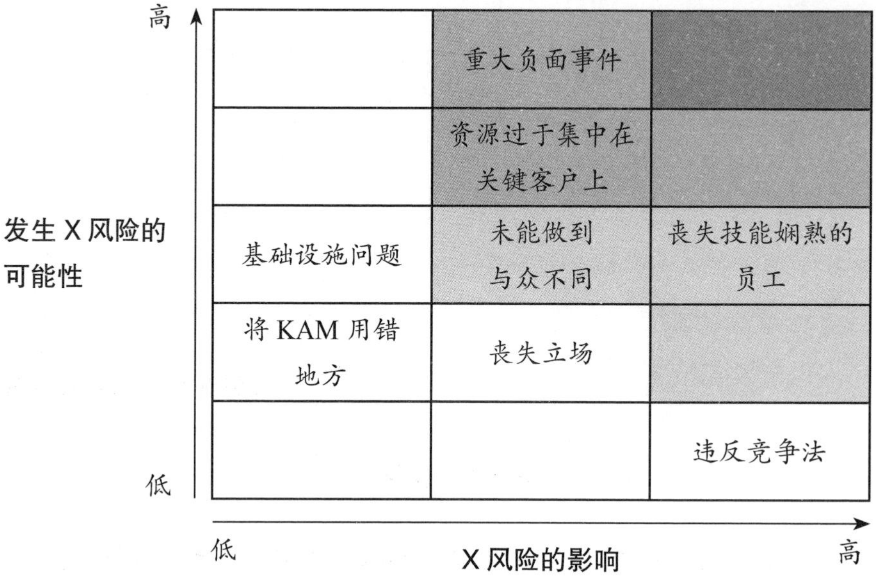

发生X风险的可能性			
高		重大负面事件	
		资源过于集中在关键客户上	
	基础设施问题	未能做到与众不同	丧失技能娴熟的员工
	将KAM用错地方	丧失立场	
低			违反竞争法
	低	X风险的影响	高

图9.3　风险登记表

资料源自希尔森（2002）

关键客户管理会过时吗？

一些商业评论员推测，一个由物联网与客户分析引擎驱动的后关键客户管理世界即将出现。技术确实可以监测客户机器上，或者他们零售商店里发生的一切，在那里可以插入其他信息系统，以便在合适的时间在合适的决策者的电脑屏幕上形成一个价值主张。当然，只要能最有效地部署最先进的技术，并且客户觉得该技术是有益的，就不会令人失望或者让人反感，各个公司都应该予以投资。

我们听采购经理说过"请自动操作不重要的或者日常的交易"这样的话。我们知道，他们中许多人没有时间跟供应商讨论"生命、宇宙及万物"这样不着边际的事情，但尽管如此，如果供应商确实对他们的产品类别有什么领先性思维的话，那么也许，他们有权表达出来。我们觉察到，20世纪80年代关键客户管理关注的是长期关系的重要性，而现在则关注基于实证的价值及对创新的期望。只有供应商深刻了解客户的需求，并且能提供比竞争对手的更好的价值，关键客户管理才能够存在。这相当简单，但许多公司仍旧觉得很难找到，或者培训客户经理，使他们能与客户的高级决策者们交谈其提供的方案的财务使用价值。我们很钦佩瑞典的斯凯孚公司（SKF），因为他们已经将成千上万的产品使用价值的实例放在他们的网站上。

"挑战式"销售这个概念于2011年被提出（迪克逊与亚当森，2011）。几个观察提出此概念的那本书的媒体炒作的人得到两个看法，第一，那些关系销售者们并不成功；第二，唯一成功的销售人员在告诉客户他们错了（即进行挑战是错）。这种看法对此书不公正，此书深入解释了研究中存在的细微差别。我们觉得，挑战式销售的概念强化了这个知识体系，该体系告诉我们关键客户经理应该成为可信赖的顾问，因此能够就如何将事情做得更好与客户进行艰难的交谈。他们若是没有与客户建立好的关系，也不会有这样的权利。显然，如果不从根本上与客户就如何使用你的产品来讨论战略问题，那么就算你们和客户建立了关系，也没有多大意义。

因此，我们并未见到关键客户管理即刻终止的迹象。可以说，即使是在人们销售石头工具以换取串珠的时代，一些客户也被视为比另一些客户更加重要。即使所有的买卖行为都可以设计到人工智能当中，关键客户管理的基础也得是程序的一部分。更有甚者，对协商性销售专业学院日益上涨的兴趣，以及越来越多高等教育机构提供销售与客户管理的资质认证，无不表现了对能透彻理解关键客户管理实践的人的需求经久不衰，而且日益上涨，因为他们能构想出更胜一筹的实践方法并付诸实践。

虽然我们在此讨论了各种风险，而且在特定情形下可能还有更多风险，我们确实看到了关键客户管理的未来，这是我们在第十章要讨论的主题。

第十章

关键客户管理的未来

感谢我们的各位同事：罗德里戈·格萨拉加博士、拉尔夫·拜利耶、苏·霍尔特博士、凯特·戴维斯以及伊恩·斯皮克曼博士，他们的报告《关键客户管理的未来》为本章内容提供了灵感。另外，也要请您注意本章的附录，该附录报告了我们过去对关键客户管理的预测。

> 世界经济的状态起伏不定，唯一可以确定的是，在即将到来的时期，世事一定不会很枯燥。建立国际贸易协定以及开发新市场的持续努力将变得更加重要。为了在此方面获得成功，将需要投入更多的努力及关注应对民族文化的差异，以及适当调整关键客户管理与目标客户营销方案。
>
> 西蒙·德比夏尔
凯捷管理顾问公司沙特阿拉伯分公司副总裁

商业环境在过去几年里已经遭受几次冲击，做生意的方式不得不改变。有时，会发生持续的改变，有时做生意的方式需要迅速重组。最佳的业务增长战略是将合适的资源运用于合适的机会上，但这只是说起来容易，若要使这些关系稳固则需要我们的能力与过程。当然，这还得用那种"便利贴"类型的业务来固定，这样，公司就不会陷入那些不再有用的实践中。

关于关键客户管理的未来的讨论可分为几类。最常被提到的问题是关于关键客户管理的组织方式。许多公司已经尝试过独特的关键客户管理分类，以及各种软硬矩阵式管理。我们最不想要的就是将关键客户管理变成一种僵化的官僚等级，凌驾于诸如产品分类、公司的地域划分等其他公司等级之上。关于关键客户的定义与再定义也很流行。这一部分与诸如目标客户营销这样的技术发展有关，也跟物联网的发展有关，后者为自动个性化增添了激动人心的新的可能性。消费行为的改变以及对共同创造价值的不断挑战也是热点话题。我们把这一类话题放在最后，因为这也许是最大不确定性之所在。如果客户认为关键客户管理不再有价值，那么它将会消亡。生命周期的研究揭示，虽然一些客户对关键客户管理的兴趣会消逝，但另一些需要战略供应商的客户又会出现。对此，我们深受鼓舞。我们注意到，供应链中的问责制、可追溯性及可持续性原则越来越成为高管们讨论的话题。

关键客户管理的组织

> 有"专属"的团队成员来为之服务的战略客户相对稀少,因为极少有客户需要高度专用的资源,同时,公司用来服务战略客户最常用的方法是利用"流动"团队,其团队成员常常是流动的,而并非专门的成员。
>
> **布拉德福等人(2012)**

对大多数公司来讲,需要专门团队为之服务的关键客户数量极少,说这话并不有失公允,但是,一旦真的需要这样的团队,他们的数量可能会很庞大。在服务全球客户的全球供应商内部,也许有许多合作伙伴机构,我们见过超过200人的关键客户团队。这些跨越不同地理环境和时区及文化的团队成员需要对客户维持一致的服务水平。对关键客户经理而言,这是对其领导能力的一个挑战。

那么,是否该成立一个关键客户部,或者是否应该有某种矩阵结构?成立一个关键客户部就会造成一个有竞争的官僚与权力结构;而建立一个矩阵可能会造成冲突与混乱,即使设计矩阵的初衷是为了解决冲突。第七章讨论过给员工传递含混不清的信息会带来的困境,这些员工需要尽最大努力令他们的部门直线经理、地区经理以及关键客户经理满意。董事会需要提供一个谅解与优先次序的框架。如果有相互竞争的利益冲突(这一般不常发生)发生,那么应该先以谁为重?许多公司已经决定——客户为先,部门或产品利益第二,国家第三。当然,只有异常情况才能检验这个规则是否适宜。如果客户提出一个会令公司破产的要求,理所当然,没有哪个客户经理会接受这个要求。如果国际化团队要想出一些有创新性的主意,那么就得有创造性的争执精神。任何人承担了客户管理的职责,就得有能力处理工作中一些模棱两可的状况。商业环境总在变化,客户也随着改变,并且需要他们的供应商做变革的驱动者。

据我们观察，高管的参与程度对关键客户的财务状况有重大影响。这个问题在第七章我们已经进行过讨论，但鉴于这在将来不太可能发生变化，值得在此重复阐述一下。有人已经做出每一个关键客户都需要有一个高管作为支持者的假设，或者公司至少需要有一个董事会下属的小组委员会来监督关键客户。克里斯托夫·塞恩（2006）的案例研究揭示，如果要迅速增加关键客户中的账户份额，那么这是一个关键因素。

> 一些公司致力于创立这种高层管理人员的参与流程，从而与客户建立起难以复制的亲密关系。他们可以预期从中获益，这反过来又会为其带来新的、可持续的竞争优势。
>
> 塞恩（2006:27）

但又有新的问题产生了——一个董事到底能管理多少个关键客户？也许不会太多——如果他们的支持要具有深远意义的话。我们应该注意到，只有特定类型的高管支持才能富有成效。

> 如果领导是一位喜欢刨根问底的人（例如，他询问："有什么问题，我们怎么知道的，该怎么办？"），而不是喜欢根据过往经验发号施令的人，那么关键客户管理项目才更有可能茁壮发展。
>
> 格萨拉加等人 (2016: 15)

因此，在思考我们到底有多少真正的关键客户时，也许答案是——董事会能给予多少支持？如果董事会对关键客户管理失去了兴趣，或者对此感到不堪重负，甚至对此颇感厌烦，那么为关键客户实施服务的各部门自相残杀的问题可能会再次出现。这样会增加服务成本并增大失去客户的风险，因为竞争对手可能会找到机会对你的关键客户下手。

在克兰菲尔德报告中（格萨拉加等，2016），从业者们也对未来提出了几个问题，这些问题在前面的章节里都已经讨论过。对关键客户经理的需求一直经久不衰，要求他能够用未来的战略来摆平今天的问题、用长期的关系目标平衡短期的财务目标，并且成为供应商对客户以及客户对同行关系的旗手，他在供应商与客户双方公司的上上下下都要有可信度，他应该是"企业内的开拓者"及客户与雇主公司里的变革推动者……这些挑战依然存在。这些正是为何关键客户经理需要具备高级身份、精湛的技能以及一套精密的衡量与奖励措施的原因。我们也提到了关键客户团队的所有成员都需要将自己当作销售团队的一部分，并且应认识到，关键客户团队有扩展到公司以外，进入供应链与供应网的趋势。我们预期，随着时间的流逝，这种趋势会越发明显。

界定关键客户

第三章详细探讨了界定与选择关键客户的方法。研究有力地揭示了选择关键客户时犯的错误正是关键客户管理方案失败的迹象。正如下文中提到的,将来,有效选择与再选择的挑战只可能增加。

> 关键客户管理的发展也可能会涉及专注程度以及专属性的递增,该专属性涉及客户更深的资历及其能否通过客户吸引力标准的初审。这仅仅反映了这个事实,即若使关键客户管理能成功并且有效地产生必要的回报,则必须对它投资。能得到的投资水平日益有限,在有意义的环境下建立高管之间的深厚关系也同样如此。就关键客户管理而言,这种"火力瞄准"也许应当属于对目标客户营销的定义。
>
> 西蒙·德比夏尔
> 凯捷管理顾问公司沙特阿拉伯分公司副总裁

发展中的科技

在我们的从业者——撰稿人中,科技的作用显然是一个"热点话题"。我们非常感激凯伦·贝尔,他在下文中探讨了科技是如何影响制药领域的关键客户管理项目的。

> **关键客户管理的未来**
>
> 随着制药行业变得越来越关注患者与药效,以便获得政府/保险公司对其药品的接受。各公司现在都需要考虑如何能在每一步行动中将患者放在心中。他们需要越来越清晰地展现药物是如何有利于患者的。今日的关键客户经理要更加详细地了解采购机构的需求,甚至是当地卫生经济的工作议程。他们应该能够向越来越多元化的股东明确地阐述一个强劲的价值主张。如果做不到这点,那么他们就会有疏远这些重要客户的风险,因此而减少制药公司可能增加的价值。
>
> 将来,人们会发现最成功的公司将越来越多地雇用那些各方面都游刃有余的人,他们既能干,又善于跟购买方、供货方及临床医生打交道,而且还能驾驭各种话题,并且能在市场准入和促销活动及业务拓展活动中来回转换。招募、培养并留住这些关键人员将成为公司销售战略中的关键部分。
>
> 当今,大约有一半的医疗保健的专业人员都严重依赖数字化及远程渠道作为医疗咨询及医学教育的手段,因此,公司及其关键客户经理应该开发他们与客户互动的方式,这点至关重要。未来的关键客户经理将

有必要掌握或者培养信息技术与数字化技能，以及远程客户服务技能。能有效地在电话上影响或者管理后勤人员，以便能接洽到专业的医疗人员，这一直都很重要。现在，同样重要并且越来越重要的是关键客户经理要能在电话上及远程细节设计平台上接洽到专业医疗人员，尤其是那些对远程媒介不甚了解的专业人员。在不远的将来，精通远程（电话）促销细节设计、精通诸如"网讯"这样的数字化平台的使用，以及对专业医疗人员的远程培训使其学会使用这些新的传输通道，是所有关键客户经理需要具备的关键技能。

很有可能，在将来会持续出现一种"混合型"关键客户经理。混合型或者多渠道销售模式，是指面对面与远程细节设计兼而有之。通常，每周有一、两天的时间用于远端呼叫，远端呼叫的天数通常随着客户是否可联系上而变动，并非每一种呼叫都有固定的天数。混合型关键客户经理也可以用其他远程联系方式补充其远程细节设计活动，包括用电子邮件邮寄批准的促销材料、指引专业医疗人员查找医学教育或者患者支持资源，但在做此事之前，应务必从相关专业医疗人士那里得到适当的许可。

将来，混合型关键客户经理会变得越来越普遍，但只有公司为这种模式制定并且执行强健的战略，仔细考虑适合这种角色的个人，并予以不间断的培训时，才有可能成功。与此同时，也需要有合适的技术和系统及管理，以确保所有的客户交互都是以合适的代码进行的。在理想的情况下，所有与客户之间的远程交互都应该记录下来并予以定期监控。这对许多公司而言，可能会是一项繁重的任务。

面谈与远程细节设计的成功共存，或者是其组合——"混合型关键客户经理"模式，取决于为该客户选择其偏爱的交付方式。制药公司要能够有效地确定客户的喜好，并能使用各种数字化工具与内容，以及雇用技能娴熟的代表，通过选定的渠道进行呼叫。此外，制药公司还需要支撑技术、系统及流程以确保所有呼叫都是以专业的且合乎规范的方式进行的，这样才可以避免违反用于远程细节设计的产业执业守则。

最重要的是，各公司需要招募、培训并发展那些能轻松制定计划并实施多渠道模式与客户交互的人员，而且，这些人员还要精通技术与销售呼叫（通过电话与网络进行），并且充满自信。

凯伦·贝尔
UDG 医疗公司阿什菲尔德分公司业务拓展总监

▶ 技术驱动的目标客户营销

虽然我们已用一章的篇幅专门论述过目标客户营销，但还是值得再次反思关键客户管理与目标客户营销之间日渐增长的相互依赖性。营销与客户管理之间的关系需要从战略管理上予以关注。

关键客户管理的未来更加依赖一个靠知识驱动的销售模式，这会影响整个过程的每个阶段：从识别需求，到展现价值，到完成交易。营销执业者一直在寻求利用数据来更好地吸引其听众，而关键客户管理已经通过个人关系建立起其知识体系。目标客户营销则兼具二者之所长。

首先，目标客户营销将使营销与销售管理在公共框架内合作，从而以更实用的方式来确定并划分关键客户。这有助于描述并分析复杂的采购流程。对每一个客户组织而言，其模式与影响都是独特的，因此，这样可以制定出更有效的战略来优化客户契约及配置资源。

其次，关键客户经理得走出其舒适带，其方法就是在他们的传统客户以外的范围销售。这意味着，要跨越不同的业务范围找到新的需求。

> 目标客户营销将为此提供数据予以支持。它将从数字化渠道上捕捉购买信号，以便能更精确地识别潜在的机会。这些机会将有益于整体的关键客户战略。
>
> 　　最后，讲述真正关乎每一个客户的故事。目标客户营销将使关键客户经理能够制定出不同的价值主张并建立起可信度。在数字化时代，采购者要比以往更加见多识广，而且他们会更相信同行或者社交媒体的推荐，而不是一套销售说辞。对关键客户经理而言，能够谈论自己非凡的挑战以及所处的环境，将是他们成功与否越来越重要的关键因素。
>
> 塞德里克·贝利亚德
一家全球技术公司的前端营销经理

战略客户管理协会（SAMA）代表大量雇用关键客户经理的全球公司，近来已经开始关注数字化的效果：

> 　　战略客户、关键客户及全球客户管理的未来可能是一个压在所有执业者及在此领域工作的专家们心头的一个话题，它让人们心中五味杂陈，既感到兴奋，又感觉无法把握，心中又忧又惧。其原因是数字技术呈指数级增长催生了快速变化。2017年1月，SAMA及其研究伙伴卡伊·斯托巴卡，奥克兰大学商学院市场与战略领域的教授，出版了《数字化驱动：提升战略客户管理》一书。在书中，他们对数字技术对战略客户管理的影响进行了初步评估。也许，从第一阶段的研究中获得的最重要的洞见是："意识到战略客户管理的变化不仅是由新的数字技术驱动的，更重要的是，是由数字化导致的战略与经营模式的改变驱动的。因此，战略客户管理方案需要提升至一个更具战略性的地位：即驱动公司与客户实施数字化开启的战略转型。"

正如一位SAMA的会员在2016年早些时候的SAMA研究中所言："影响战略客户管理的变化、预言"与数字技术正在"改变游戏规则"，并影响着"战略客户－供应商"关系的核心性质。客户们现在通过互联网进行互动，而且以多渠道方式获取有关供应商、产品和服务及可替换货源的信息与见解。在与某一个特定的供应商交谈之前，他们可以在网上闲谈、选择、评价并且搜集到海量信息。

数字化的影响迫使战略客户管理方案在多种维度上重新界定自己。首要的改变轨迹是战略客户管理正在变得更具战略性，终于变得真正名副其实了。在数字技术带给关键客户管理/战略客户管理组织的众多新机会中包括：

高级分析法的使用——在此，分析的真正价值关乎创造更有价值的产品与服务。

自动化技术——使用智能机器、自治代理、算法应用；战略客户管理是其中一个主要应用领域。在此应用中，每一个潜在的或者活跃的客户都作为一个市场予以考虑及沟通，而不是基于各个部门或者各个市场将营销资源摊开。战略客户管理为每一个客户量身定制实现其目标之旅的模式。诸如客户关系管理、营销自动化以及高级分析法这样的工具与技术使得战略客户管理更具扩展性。

从交换价值到使用价值的转变——在此，使用价值思想假定，当一个客户使用一个好的产品或者服务时，市场的中心价值创造就得以产生。这意味着，更加需要将KAM/战略客户管理植入到战略客户的价值创造过程中，以及利用所有可能用于此目的的数据。

"客户－供应商"生态系统的扩张——在此，战略客户管理作为一项跨边界活动，需要将视野从客户关系扩大到合作型机构的更加复杂的体制中。

应用程序接口（APIs）。一个应用程序接口（API）就是一套用于制作软件应用的惯例、协议及工具——本质上，是一个软件让另一个程序执行一个服务的方法描述。应用程序接口使机构之间的合作可能性急剧上升，并且，由于它的广泛利用使得现代互联网体验成可能。更重要的是，APIs正使许多公司通过与外界公司分享服务而增长了业务，并且以非凡的速度创新。

鉴于其作用与职责，关键客户、战略客户和全球客户经理们更需要将自己看作是共同体的促进者，而非是顾问性质的客户经理。通过在所有社交媒体及其平台上现身，他们可以经常与客户联系，并受到关于价值创造新机会的教育。各公司需要为参与关键客户管理/战略客户管理项目的人员提供机会培训其数字技能，就如以前曾帮助他们培训与基于价值的与销售相关的财务技能一样。

数字化令经验价值贬值，并且改变了专业知识的性质。其结果是，决策不再建立在经验的基础上（因为在这个新时代，也没有什么经验可以借鉴），而是更多地依赖数据及相关分析告诉我们的信息。也许最关键的是，战略客户管理的功能及流程需要精心设计，这样才能促成合作过程中的分布式领导。此外，战略客户管理方案欢迎数字技术在效率及有效性方面带来的可能的机会。

伯纳德·康卡尔
SAMA的总裁与首席执行官

▶ 社交媒体的使用

尽管众所周知社交媒体上充斥着琐碎的事情，但有一些社交媒体平台却适合商业活动。大多数决策者们喜欢在领英网站上寻找联络人，或者交换商务信息。这显示，相比成熟的B2B关系，社交媒体更适宜新的业务拓展（表

10.1），但正如从西蒙·德比夏尔的引言中所见，转瞬间，关键客户经理已经在使用社交媒体来改进其结果，而且，社交媒体很有可能将成为新一代关键客户经理嵌入式的市场扫描与交流方式。

表10.1 社交媒体的使用

交流目的	关键客户经理对社交媒体的使用
表明身份	为了表明职业身份而存在
可信度	通过成为组群的成员、分享帖子，创建博客来展现价值观与专业知识
建立联系	也许可以通过第一层关系的介绍接触关键客户公司的决策者
保留客户	将社交媒体用作调查资源，以了解客户在做什么以及竞争对手在做什么
保持联系	即使关系变成了面对面会晤，社交媒体上的联系还是应该予以保留。查验客户公司内的联络人何时改变职责是很重要的

资料源自拉科斯特(2016)

> 关键客户管理的未来，如同许多商业活动的未来一样，将涉及信息、数字及社交媒体技术。2012年一项亚伯丁团体研究显示，有64%的销售团队使用社交媒体销售来达到他们的关键绩效指标(KPIs)；相比之下，49%的销售团队在其销售过程中没有用到社交媒体。使用社交媒体销售的团队得到的回头客比率及销售预测准确度也更好。虽然这不是关键客户管理方案，但这将成为关键客户管理团队与机构，包括其客户，未来的一部分。
>
> 产业聚集及社交媒体数据使用正在发生，并用于理解感知与情感，这反过来又会影响品牌、营销、公共关系及促销策略。
>
> 虽然现在的关键客户经理没有大量使用社交媒体，但是为此我会争辩说，这是一个代际问题。在关键客户以及供应商机构内，都有一些人员在计算机时代到来之前就已经开始工作了。随着Y一代的成员们年事

已高并占据关键客户管理及客户公司里的高级职位,社交及数字媒体的使用已经成为一个事实上的标准。当 Z 一代的人开始掌权,这个现象将经历迅猛的加速。因为对这一代人而言,一个没有数字及社交媒体的世界绝对是不可思议的。

西蒙·德比夏尔

凯捷管理顾问公司沙特阿拉伯分公司副总裁

一个仍在进行的辩论——什么是价值，该如何分享价值？

▶ **我们真的需要理解共建价值吗？**

在过去的许多世纪里，价值的概念相当简单。某个人拿来一些原材料，通过其技能为它增添了一些价值，于是将产品卖给某个人用于消费。这导致了以产品为导向的公司的出现。在以技术为导向的领域里，如果大公司远离其客户，而且未能进行他们想要的投资，那么新的公司就会出现并完成此事，然后，这些公司就会成为新的市场领导者。在过去二十多年里，客户对产品的"使用价值"越来越感兴趣，并且更愿意与供应商讨论他们想要的是什么样的产品及服务。如果在网上与客户们协商新的产品系列及服务理念，那么会有数千客户愿意参与讨论。

现代价值观念非常复杂。有一个极有影响力的价值创造模型与共创价值思想相关，其创建者们近来已经将这个理论拓展为以下五个原则：

> （1）服务是供应商与客户之间交换的真正基础。这并不意味着人们没有购买产品，而是人们为了产品的用途而不是因为产品的分类才购买的。
>
> （2）价值是由许多人共同创造的，其中包括那些受益者们。换言之，客户们也为从所购买的解决方案中获得价值贡献了自己的技能。这也是为何谈判也应考虑，相比客户能化解多少运营风险，供应商能在客户的业务发生某种变化时提供多少服务。

> （3）所有参与使用某个方案的个体，包括供应网络，都应是该方案的一部分。这也是为何关键客户团队必须跨部门，并且与客户公司的跨部门团队合作的原因。
>
> （4）正是从某个方案价值中受益的人决定其价值程度。最终，专属于他们的正是对使用价值的感知，而且这种感知可能与其他利益相关者的观点并不相同。
>
> （5）共创价值是通过组织、其员工及其业务流程的整合而实现的。
>
> 资料源自瓦戈与勒斯克（2016）

很长时间以来，人们一直认为，只有当供应商与客户共同投资时我们才真正知道关键客户管理正在发挥作用。一些 B2B 价值的创造过程极其复杂，而且可能有很长的期限——诸如一个发电厂的建设。在这种情形下，价值的共创直到这个电厂退役才能结束。对于第五章案例中的美味馅饼公司而言，一个共创价值的观点当然会包含与零售商共同的营销及公开讨论节约冷藏成本，但其也会涉及对终端消费者的营养价值、与某个特定的农村公社讨论肉制品的营养以及包装是否易于回收利用。

尽管情况一直如此，即价值其实是对收益的感知问题，而非你为得到它们付出的代价，而且有许多创造价值及消费价值的方式，但关键客户经理还依旧需要继续培养其技能来实现价值。

▶ 冲突、权力与依赖如何侵蚀价值

近来，学术界对所谓亲密的业务关系的"黑暗面"的研究有所上升，那些涉足者对管理业务关系的困难从未低估过。我们参观公司时总能听到某个事例，比如，谈论某重要客户公司里的决策者们在其交流与期望中总是有近乎精神错乱的表现。当然，商业刊物上也常常刊登一些供应链上的大公司如何压榨小供应商们的例子。在任何涉及两方或者更多方的安排中,很难适应彼此做生意的方式,这是在所难免的。通常各方之间会相互适应和沟通,以确保业务关系的长期收益能回到正轨上。关键客户经理通常比较善于缓解冲突。

> 业务关系不会天生就是好的或者是坏的。更确切地说,关系会同时产生光明与阴暗一面的效果。如果双方公司能有效加以学习,那么这种阴暗面效果在其刚出现的时候也许是有用的,但是,未能在业务关系范围内学习及调整会引起初期的冲突。
>
> 阿伯撒格、延与巴尔内斯 (2016: 7)

虽然如此,业务关系可能会随着时间的推移而逐渐恶化。在增长期,一切都快速运行,供应商与客户双方都有促进一切运转的激励措施。在业务关系的成熟期,客户通常会返回去做市场测试,并对现任供应商提出新要求,以便与其身份相配。正常的、可容忍的冲突与无法容忍、难以控制的冲突形式对比如图 10.1 所示。

	可容忍的"阴暗面"			不可容忍的"阴暗面"	
关系问题	学习的需要	日常问题	由于感觉到"懈怠"而产生的紧张关系	交流中断	投机取巧的行为
反应	供应商与客户都在做出交流与适应		关键角色距离关系的远近	对抗性的谈判与威胁	退出与法院诉讼的可能

图 10.1 冲突形式对比

资料源自阿伯撒格、延与巴尔内斯 (2016)

现今，只需点击一下按钮可以获得大量关于供应商信的信息，市场测验变得极其简单。这就意味着，供应商要提高警惕。只要有可能发生冲突及（或）明显的权力失衡或者依赖，就一定要有稳健的风险管理。客户也需要谨防滥用权力。供应商可以并且确实找到方法去重新配置供应链网络。如果有客户被认为过于精打细算，那么就会有信誉风险。这就是为何一些有吸引力的品牌不愿意跟一些连锁的零售企业做生意，以及为何一些机构的投标邀请遭到拒绝的回原因。

▶ 关键客户管理在不同的文化中

我们已经专门用一章的篇幅讨论了关键客户管理的国际化。我们注意到，现在美国与欧洲的公众舆论显示出对全球化产生了深刻的幻灭感。这可能会导致各公司需要在更多国家建立子公司，增加当地雇员，以及欣赏当地文化。

▶ 可持续性与价值

在本书一开始，我们见过一些特定的公司，尽管对价格敏感，却千方百计要让他们的供应商分享共同价值，并乐意支持他们在其中运营的社区。虽然我们已经集中讨论过关键客户管理需要利用它对公司实现盈利的贡献来证明自己，但其实，这是一种可以产生声誉优势的销售方式，而且，这个优势可以被其他的品牌价值加强。我们知道对那些要从其他公司采购的机构而言，可持续性意义重大。英国特许采购与供应学会有一个可持续性指标：

> 由采购专家制定的英国特许采购与供应学会可持续性指标（CIPS Sustainability Index, CSI），因此提供了一个对环境、经济及社会可持续性……的全面、简单、快速而且合算的在线评估。这是唯一一个可用的、独立的而且可验证的测量工具，可以使供应商们证明他们的可持续性资历，并且还能使客户以一个更高效的方式，而非通过个别冗长的问卷形式获得必要的可持续性信息。
>
> 作为采购者，CSI 可以使你更好地查看你的供应链，因此降低供应商风险。
>
> 作为供应商，CSI 帮助你以行业认可的标准展现出在可持续性上的卓越，从而加强你与客户之间的信息共享，并支持对新业务的投标。

我们应该注意与此指标相关的术语——那些能够保卫其"环境、经济及社会可持续性"——诸如星球、利润与人员——的供应商为英国采购与供应学会的会员们提供了一种降低风险的方式。在术语中并没有什么新东西。"三重底线"要归功于约翰·艾尔金顿在 20 世纪 90 年代的工作（艾尔金顿，1998），但相对来说，这是以较新的方式去接近那些据说在采购决策中起重要作用的公司。关键客户经理将不仅只需要财务上的敏锐来解释这种新流行范式中的三个所有要素。

这个对价值概念的回归结束了我们对关键客户管理未来的探讨。关键客户管理将会继续存在，因为客户喜欢。但就像任何商业战略一样，它得适应并发展。但愿使用这本书时，你能使自己的关键客户管理方案保持领先于商业趋势。

最后……

我们希望你已经喜欢上这本书,并且比阅读前对关键客户管理有了更多了解。我们希望你在事业中拥有好运气。

附录 10.1

十九年前，在《关键客户管理：从供应商与客户视角的学习》一书中，我们对关键客户管理的未来做了一些预测。表 10.2 反思了 1998 年的关键客户管理未来预测预测实现的程度。

表 10.2　反思 1998 年的关键客户管理未来预测实现的程度

1998 年的预测	成功度
价值"蛋糕"而非价值链，例如，那个将不同来源的价值混合在一起的食谱	供应网络是一个远比以前更加成分复杂的食谱。尤其是，我们注意到关键客户管理并不总是与交易链中最直接的一链相关，而是与供应网中的其他玩家有关联。小一些的供应商经常得同其他公司合作来为关键客户服务
客户管理专业协会	公平地说，战略客户管理协会成立于 1964 年。但当时，它是主要针对美国的，而现在，它是全球性的组织，其会员更加广泛，为会员提供的服务也更加多样。 《销售行业的国家职业标准》于 2005 年在英国确立，本书的一位作者（贝丝·罗杰斯）担任指导小组组长，领导制定了此标准。我们也注意到科学仪器厂商学会、英国特许市场营销协会，与销售管理学会提供了一些战略销售与关键客户管理方面的学历证
客户管理专业协会	书。最近，专业销售协会已经在英国成立，并立即对创立行业标准与资格的要求做出了积极贡献。关键客户管理协会也已经在欧洲成立

1998年的预测	成功度
更加关注公司内的关键客户管理	可以说,关键客户已经变得更加强大,因而吸引了更大的战略注意力。我们在本书中已经注意到其他类型的客户也需要战略资源。可是,关键客户管理的复杂性意味着,它必须得到董事会的支持与关注
关键客户管理作为一种区分手段	采购决策者们依旧报告说一些供应商比另一些供应商更擅长关键客户管理。关键客户管理的门槛一直在提高,关键客户管理的执业者需要不断投资于知识与技能培训
有道德的供应链——质量、溯源性	供应链中的丑闻,诸如2013年发生在英国的马肉事件,已经确保品牌要比以往更应该对整个供应网负责。三重底线的理念正在普及。此外,作为一个价值要素,专业采购人员可能会期待供应商们在可持续性方面展开竞争
供应商—客户关系的全球化	全球化这个趋势一直在持续,但可能即将得到逆转,因为许多民主党派的选民对此已不抱幻想。他们意识到,这将他们的工作转移到了国外。这可能会使大公司里的全球/本地之间的平衡向本地制造及本地采购倾斜
消费者的精明老练	互联网上可利用的信息意味着客户更有可能会利用个人与集体的购买力,在一些重大问题上游说品牌。 在商业领域,采购继续将更多资源向信息采集转移,并试图减少与供应商打交道的时间
信息技术将流程自动化	这是一个很容易做的预测。现在,我们欢迎物流网的出现,这可以更多地将流程交由一些小应用程序控制,而无须人类介入。 这对一些供应商而言是件大好事,因为他们(得到客户允许的情况下)可以将一些传感器植入产品中,用采集到的数据帮客户更有效地使用产品,并根据客户的使用模式提供更多服务
智能化采购	采购行业确实已经拓展了其影响与技能,另外,还将大量的商品采购自动化处理,以便将更多时间专注于战略中

附录 1　麦克唐纳与罗杰斯 10 大关键客户管理指导原则

本书有很多地方需要慢慢消化吸收，但如果你能牢记以下有关关键客户管理的十件事情，你会改进业绩：

（1）要理解，关键客户管理不仅只是超级销售或者销售管理。

（2）挑选（准备好挑选）有限数量的关键客户。

（3）根据他们帮助你在计划期内实现盈利增长的潜力划分关键客户。

（4）深入了解入选关键客户作为一个组织的需求以及这些关键客户内部所有的利益相关者的专业需求。他们试图在市场内实现什么目标，你的能力是否与此相符？

（5）对照你的主要竞争对手，根据你对每个关键客户的相对优势划分关键客户。

（6）了解你全部的客户投资组合，并用它来平衡关键客户中存在的内在风险。

（7）制定现实的目标与战略来实现所有客户群的销售增长及利润增长（计算总体关键客户目标及战略是否创造股东价值）。

（8）运用技术来产生对关键客户的洞见，并为之提供自动化服务。

（9）为入选的关键客户制定战略规划并运用模拟软件来检测其稳健性，这些模拟软件可以预测对手的反应。

（10）务必让技能娴熟的人员担任关键客户经理，并通过建立一支关键客户团队，以及一套适度而明智的长期及短期奖励措施来赋予他们必要的权威与支持。

资料源自 D. 伍德伯恩与 M. 麦克唐纳（2012）《关键客户管理：最权威的指南》约翰威利国际出版公司，奇切斯特。

附录 2　关键客户经理测验

高管可以在工作总结会中用此测验考查关键客户经理,而关键客户经理则可以用此测试来准备跟高管们的会谈是否能够成功。

你对你的关键客户有多么了解?

你知道(总计 10 分):

(1)你们公司在你的关键客户用于你们的产品/服务类别的总开支中所占的比例吗?

(2)你的关键客户的财务健康(已投资资本回报,流动比率等)吗?

(3)你的关键客户的战略规划细节吗?

(4)你的关键客户的业务流程(物流、采购、制造等)吗?

(5)你的关键客户的客户/领域/产品吗?

(6)你的关键客户用了你哪个竞争对手的产品,为什么跟他们合作,及他们对其有何评价?

(7)你的关键客户重视供应商的哪些素质?

(8)服务你的关键客户的成本吗?

(9)你的关键客户能达到预期的价值吗?

(10)失去你的关键客户的风险,以及保留它的风险吗?

资料源自 D. 伍德伯恩与 M. 麦克唐纳(2012)《关键客户管理:最权威的指南》约翰威利国际出版公司,奇切斯特。

附录 3 关键客户管理方面的重要学术论文

对那些想要详细了解关键客户管理（KAM）研究证据的好学之士，以下提供了一份此方面的学术论文列表。其中许多文章可以通过谷歌学术搜索或者研究之窗网站免费获取。以其他途径获取的话，需要给期刊发行者交一点费用。

[1] Abratt, R and Kelly, PM (2002) Customer-supplier partnerships: perceptions of a successful key account management program, Industrial Marketing Management, 31(5), pp 467-76.

[2] Al-Husan, FB and Brennan, R (2009) Strategic account management in an emerging economy, Journal of Business & Industrial Marketing, 24(8), pp 611-20.

[3] Atanasova, Y and Senn, C (2011) Global customer team design: dimensions, determinants, & performance outcomes, Industrial Marketing Management, 40 (2), pp 278-89.

[4] Birkinshaw, J, Toulan, O and Arnold, D (2001) Global account management in multinational corporations: theory and evidence, Journal of International Business Studies, 32 (2), pp 231-48

[5] Blythe, J (2002) Using trade fairs in key account management, Industrial Marketing Management, 31 (7), pp 627-35.

[6] Bradford, DK, Challagalla, NG, Hunter, CW and Moncrief, CW (2012) Strategic account management: conceptualizing, integrating, and extending the domain from fluid to dedicated accounts, Journal of Personal Selling & Sales Management, 32 (1), pp 41-56.

[7] Brehmer, PO and Rehme, J (2009) Proactive and reactive: drivers for key account management programmes, European Journal of Marketing, 43 (7/8), pp 961-84.

[8] Capon, N and Senn, C (2010) Global customer management programs: how to make them really work, California Management Review, 52 (2), pp 32-55.

[9] Davies, IA and Ryals, LJ (2009) A stage model for transitioning to KAM, Journal of Marketing Management, 25 (9-10), pp 1027-48.

[10] Davies, IA and Ryals, LJ (2014) The effectiveness of key account management practices, Industrial Marketing Management, 43 (7), pp 1182-94.

[11] Friend, SB and Johnson, JS (2014) Key account relationships: an exploratory inquiry of customer-based evaluations, Industrial Marketing Management, 43 (4), pp 642-58.

[12] Georges, L and Eggert, A (2003) Key account managers' role within the value creation process of collaborative relationships, Journal of Business to Business Marketing, 10 (4), pp 1-22.

[13] Gosselin, DP and Bauwen, GA (2006) Strategic account management: customer value creation through customer alignment, Journal of Business & Industrial Marketing, 21 (6), pp 376-85.

[14] Gosselin, D and Heene, A (2003) A competence-based analysis of account management: implications for a customer-focused organization, Journal of Selling & Major Account Management, 5 (1), pp 11-31.

[15] Gounaris, S and Tzempelikos, N (2013) Key account management orientation and its implications: a conceptual and empirical examination, Journal of Business to Business Marketing, 20 (1), pp 33-50.

[16] Gounaris, S and Tzempelikos, N (2014) Relational key account management: building key account management effectiveness through structural reformations and relationship management skills, Industrial Marketing Management, 43 (7), pp 1110-23.

[17] Guenzi, P, Georges, L and Pardo, C (2009) The impact of strategic account managers' behaviors on relational outcomes: an empirical study, Industrial Marketing Management, 38 (3), pp 300-11.

[18] Guenzi, P, Pardo, C and Georges, L (2007) Relational selling strategy and key account managers' relational behaviors: an exploratory study, Industrial Marketing Management, 36 (1), pp 121-33.

[19] Guenzi, P and Storbacka, K (2015) The organizational implications of implementing key account management: a case-based examination, Industrial Marketing Management, 45, pp 84-97.

[20] Guesalaga, R (2014) Top management involvement with key accounts: the concept, its dimensions, and strategic outcomes, Industrial Marketing Management, 43 (7), pp 1146-56.

[21] Harvey, M, Myers, MB and Novicevic, MM (2003) The managerial issues associated with global account management: a relational contract perspective, Journal of Management Development, 22 (2), pp 103-29.

[22] Harvey, MG, Novicevic, MM, Hench, T and Myers, M (2003) Global account management: a supply-side managerial view, Industrial Marketing Management, 32 (7), pp 563-71.

[23] Henneberg, SC, Pardo, C, Mouzas, S and Naudé, P (2009) Value dimensions and relationship postures in dyadic 'key relationship programmes', Journal of Marketing Management, 25 (5-6), pp 535-50.

[24] Hollensen, S (2006) Global account management (GAM): two case studies illustrating the organizational set-up, Marketing Management Journal, 16 (1), pp 245-50.

[25] Homburg, C, Workman Jr, JP and Jensen, O (2002) A configurational perspective on key account management, Journal of Marketing, 66 (2), pp 38-60.

[26] Ivens, BS and Pardo, C (2007) Are key account relationships different? Empirical results on supplier strategies and customer reactions, Industrial Marketing Management, 36 (4), pp 470-82.

[27] Ivens, BS and Pardo, C (2008) Key-account-management in business markets: an empirical test of common assumptions, Journal of Business & Industrial Marketing, 23 (5), pp 301-10.

[28] Jean, R-J, Sinkovics, RR, Kim, D and Lew, YK (2014) Drivers and performance implications of international key account management capability, International Business Review, 24 (4), pp 543-55.

[29] Jones, E, Dixon, AL, Chonko, LB and Cannon, JP (2005) Key accounts and team selling: a review, framework, and research agenda, Journal of Personal Selling & Sales Management, 25 (2), pp 181-98.

[30] Jones, E, Richards, KA, Halstead, D and Fu, FQ (2009) Developing a strategic framework of key account performance, Journal of Strategic Marketing, 17 (3-4), pp 221-35.

[31] Lacoste, S (2016) Perspectives on social media ant its use by key account managers, Industrial Marketing Management, 54, pp 33-43.

[32] Marcos-Cuevas, J, Nätti, S, Palo, T and Ryals, LJ (2014) Implementing key account management: intraorganizational practices and associated dilemmas, Industrial Marketing Management, 43 (7), pp 1216-24.

[33] McDonald, M, Millman, T and Rogers, B (1997) Key account management: theory, practice and challenges, Journal of Marketing Management, 13 (8), pp 737-57.

[34] Montgomery, DB and Yip, GS (2000) The challenge of global customer management, Marketing Management, 9 (4), pp 22-29.

[35] Nätti, S, Halinen, A and Hanttu, N (2006) Customer knowledge transfer and key account management in professional service organizations, International Journal of Service Industry Management, 17 (4), pp 304-19.

[36] Nätti, S and Palo, T (2012) Key account management in business-to-business expert organisations: an exploratory study on the implementation process, Service Industries Journal, 32 (11), pp 1837-52.

[37] Nätti, S, Rahkolin, S and Saraniemi, S (2014) Crisis communication in key account relationships, Corporate Communications: An international journal, 19 (3), pp 234-46.

[38] Ojasalo, J (2001) Key account management at company and individual levels in business-to-business relationships, Journal of Business & Industrial Marketing, 16 (3), pp 199-220.

[39] Ojasalo, J (2002) Key account management in information-intensive services, Journal of Retailing & Consumer Services, 9 (5), pp 269-76.

[40] Pardo, C, Henneberg, SC, Mouzas, S and Naudè, P (2006) Unpicking the meaning of value in key account management, European Journal of Marketing, 40 (11/12), 1360-74.

[41] Piercy, N and Lane, N (2006) The underlying vulnerabilities in key account management strategies, European Management Journal, 24 (2), pp 151-62.

[42] Pressey, AD, Gilchrist, AJ and Lenney, P (2014) Sales and marketing resistance to key account management implementation: an ethnographic investigation, Industrial Marketing Management, 43 (7), pp 1157-71.

[43] Richards, KA and Jones, E (2009) Key account management: adding elements of account fit to an integrative theoretical framework, Journal of Personal Selling & Sales Management, 29 (4), pp 305-20.

[44] Ryals, L (2006) Profitable relationships with key customers: how suppliers manage pricing and customer risk, Journal of Strategic Marketing, 14 (2), pp 101-13.

[45] Ryals, LJ and Davies, IA (2013) Where's the strategic intent in key account relationships? Journal of Business & Industrial Marketing, 28 (2), pp 111-24.

[46] Ryals, LJ and Holt, S (2007) Creating and capturing value in KAM relationships, Journal of Strategic Marketing, 15 (5), pp 403-20.

[47] Ryals, LJ and Rogers, B (2006) Holding up the mirror: the impact of strategic procurement practices on account management, Business Horizons, 49 (1), pp 41-50.

[48] Ryals, L and Rogers, B (2007) Key account planning: benefits, barriers and best practice, Journal of Strategic Marketing, 15 (2-3), pp 209-22.

[49] Salojärvi, H and Saarenketo, S (2013) The effect of teams on customer knowledge processing, esprit de corps and account performance in international key account management, European Journal of Marketing, 47 (5/6), pp 987-1005.

[50] Salojärvi, H, Sainio, LM and Tarkiainen, A (2010) Organizational factors enhancing customer knowledge utilization in the management of key account relationships, Industrial Marketing Management, 39 (8), pp 1395-402.

[51] Sharma, A (2006) Success factors in key accounts, Journal of Business & Industrial Marketing, 21 (3), pp 141-50.

[52] Sharma, A and Evanschitzky, H (2016) Returns on key accounts: do the results justify the expenditures?, Journal of Business & Industrial Marketing, 31 (2), pp 174-82.

[53] Shi, LH, White, JC, McNally, RC, Tamer Cavusgil, S and Zou, S (2005) Executive insights: global account management capability: insights from leading suppliers, Journal of International Marketing, 13 (2), pp 93-113.

[54] Shi, LH, White, JC, Zou, S and Cavusgil, ST (2010) Global account management strategies: drivers and outcomes, Journal of International Business Studies, 41 (4), pp 620-38.

[55] Shi, LH and Wu, F (2011) Dealing with market dynamism: the role of reconfiguration in global account management, Management International Review, 51 (5), pp 635-63.

[56] Storbacka, K (2012) Strategic account management programs: alignment of design elements and management practices, Journal of Business & Industrial Marketing, 27 (4), pp 259-74.

[57] Sullivan, UY, Peterson, RM and Krishnan, V (2012) Value creation and firm sales performance: the mediating roles of strategic account management and relationship perception, Industrial Marketing Management, 41 (1), pp 166-73.

[58] Swoboda, B, Schlüter, A, Olejnik, PCE and Morschett, D (2012) Does centralising global account management activities in response to international retailers pay off? Management International Review, 52 (5), pp 727-56.

[59] Toulan, O, Birkinshaw, J and Arnold, D (2006) The role of interorganizational fit in global account management, International Studies of Management & Organization, 36 (4), pp 61-81.

[60] Tzempelikos, N and Gounaris, S (2013) Approaching key account management from a long-term perspective, Journal of Strategic Marketing, 21 (2), pp 179-98.

[61] Tzempelikos, N and Gounaris, S (2015) Linking key account management practices to performance outcomes, Industrial Marketing Management, 45, pp 22-34.

[62] Vanharanta, MJP, Gilchrist, AD, Pressey, A and Lenney, P (2014) The reflexive turn in key account management: beyond formal and post-bureaucratic prescriptions, European Journal of Marketing, 48 (11/12), pp 2071-104.

[63] Wagner, ER and Hansen, EN (2004) A method for identifying and assessing key customer group needs, Industrial Marketing Management, 33 (7), pp 643-55.

[64] Wengler, S (2007) The appropriateness of the key account management organization, Journal of Business Market Management, 1 (4), pp 253-72.

[65] Wengler, S, Ehret, M and Saab, S (2006) Implementation of key account management: who, why, and how?: an exploratory study on the current implementation of key account management programs, Industrial Marketing Management, 35 (1), pp 103-12.

[66] Wilson, K and Woodburn, D (2014) The impact of organisational context on the failure of key and strategic account management programmes, Journal of Business & Industrial Marketing, 29 (5), pp 353-63.

[67] Winter, SG (2003) Understanding dynamic capabilities, Strategic Management Journal, 24 (10), pp 991-95.

[68] Woodburn, D and Wilson, K (eds) (2014) Handbook for Strategic Account Management, John Wiley & Sons Ltd, Chichester Workman, JP, Homburg, C and Jensen, O (2003) Intraorganizational determinants of key account management effectiveness, Journal of the Academy of Marketing Science, 31 (1), pp 3-21.

[69] Zupancic, D (2008) Towards an integrated framework of key account management, Journal of Business & Industrial Marketing, 23 (5), pp 323-31.

[70] Zupancic, D and Müllner, M (2008) International key account management in manufacturing companies: an exploratory approach of situative differentiation, Journal of Business to Business Marketing, 15 (4), pp 455-75.